本书由云南省重点马克思主义学院（云南财经大学马克思主义学院）

资助出版

今日马克思主义研究丛书

# 现实之变与
# 哲学之思

罗小青————著

天津出版传媒集团

天津人民出版社

## 图书在版编目(CIP)数据

现实之变与哲学之思 / 罗小青著. –– 天津 : 天津
人民出版社, 2022.12
(今日马克思主义研究丛书)
ISBN 978-7-201-18986-4

Ⅰ.①现… Ⅱ.①罗… Ⅲ.①马克思主义—政治哲学
—研究 Ⅳ.①A811.64

中国版本图书馆 CIP 数据核字(2022)第 212989 号

**现实之变与哲学之思**
XIANSHI ZHIBIAN YU ZHEXUE ZHISI

| | |
|---|---|
| 出　　版 | 天津人民出版社 |
| 出 版 人 | 刘　庆 |
| 地　　址 | 天津市和平区西康路35号康岳大厦 |
| 邮政编码 | 300051 |
| 邮购电话 | (022)23332469 |
| 电子信箱 | reader@tjrmcbs.com |
| 责任编辑 | 武建臣 |
| 装帧设计 | 明轩文化·李晶晶 |
| 印　　刷 | 天津新华印务有限公司 |
| 经　　销 | 新华书店 |
| 开　　本 | 710毫米×1000毫米　1/16 |
| 印　　张 | 14 |
| 插　　页 | 2 |
| 字　　数 | 210千字 |
| 版次印次 | 2022年12月第1版　2022年12月第1次印刷 |
| 定　　价 | 79.00元 |

# 前　言

　　现实是流变的，人的心里却想寻求安稳，从流变中找到不变，从变化中梳理出稳定的世界。有些哲学家认为"哲学即形而上学"。按照哲学文化习惯，形而上学就是从杂乱无章中寻找其统一性和确定性。老子的"道"也是一个高度抽象和浓缩的哲学概念，但"道"不好把握。笔者深受"形而上学"和"道"的影响，总想从变动不居的现实中发现些道理，这就需要借助理性和"悟性"，借助"哲思"这个工具去"开显"。

　　作为一名高校教师，主要工作任务自然是教学，没有一定教学能力和教学工作量的老师不是严格意义上的教师。但是光讲教学还不行，因为教学不是单一的知识传递，教师还需要将获得知识的方法和自己思考的结晶用于教学过程，开启学生的智慧，打开学生思维之路径。也就是说，教学不仅是"教"，不是单一的传递知识，而是一个"启发"和"萌发"的过程。这就需要教师自己要有创造性知识和思想性认识才能去启迪学生，影响"他者"。这个"他者"是与教师平等相处的个体，是有自我的独立人格的存在。教师与这个独立人格存在的个体交流和互动，特别是课堂上的互动，不是传统的灌输和机器般的留声机，而是一种创造力工作。这种创造力工作体现在教育者的创造性思维和独特的个人知识涵养和人格魅力上，而魅力是需要有独立人格和独立思想去实现的。这就要求教师有自己独立研究的成果。研究就是人们通常认为的"科研"。一般认为，没有科研就没有教学，因为没有独立的研究，教学只能是照搬照读，没有自己的思考和智慧，很难吸引受教育者，很难达到理想的教学效果。反之，生动活泼有灵魂的课堂教学工作往往是教师长期从事科学研究的结果。当然，科研不一定就得发表论文、著作或者课题申报成功，也可以是高校教师围绕自己的专业和所承担的教学任务所进行的积极阅读、思考，然后把这种思考的结果用严谨的逻辑线索、采取丰富的语言形式展现给受教育者，并与受教育者进行对话。

学习哲学并不限于特定人群，对无论从事何种专业的人都是需要的。不学点哲学，感觉没有生命的精神支柱，没有正确的思维方法，缺乏分析和判断真假的能力，感觉生活也缺少趣味。人生最大的危机，不是没有一技之长，而是生活价值和生活意义的丧失，是信仰、理想和价值观的危机。

近年来，笔者一直在思考自己所面临的问题，无论是哲学、生命、马克思主义还是合法性问题，然后阅读经典，最后诉诸笔端，在键盘上敲打出自己的感悟，然后做成课件搬上研究生课堂，让大家参与谈论，相互交流。目前看来，通过思考和研究带来的教学效果还是明显的，当然，这种思考和研究的结果如何，还需要读者来评价。

第一章围绕生命哲学问题展开了思考。灵魂不朽还是死后虚无？资本是对人和生命的控制还是社会发展的积极元素？生命的幸福与道德是否一致，如何让道德者获得幸福从而达致德福一致？

第二章展现了一些政治哲学问题。新冠肺炎疫情使我重新思考"启蒙"和现代性带来的潜在问题，这不仅是一个哲学问题，也是一个政治问题。赵汀阳先生认为，在当代，政治哲学已经成为第一哲学。无论说"人是政治的动物""人是逻各斯的动物"，还是说"人是社会关系的总和"，都体现了人的社会性和政治性。至于"平等"更是政治哲学的一个重要概念，围绕平等，五花八门的概念和平等内涵的争论已经让"平等"变成了一个"烫手山芋"，特别在当下中国正在提倡和践行共同富裕的社会主义原则，对"平等"需要有新的理解和界定。"自由主义"概念是西方政治哲学的核心，但到底是"消极自由"还是"积极自由",是"古代人的自由"还是"现代人的自由",也需要我们结合现实去界定和梳理,不要随意用"自由"概念去混淆视听。

第三章思考了一些哲学本身的问题。马克思主义是批判的解释学、方法论的解释学、本体论的解释学,抑或是生存论的解释学?这就需要马克思主义者去了解和思考。当今哲学成果有两种:一种是作为"学术的哲学",一种是作为"趣味的哲学"。前者主要是重视文本的发表和出版,重视格式和模块;后者不太重视学术格式和模块,重视的是哲学味和哲学的智慧,笔者称之为"趣味的哲学"。哲学成果如果只是为了另外的价值而被当成工具,就显得索然无味,如为了职称和科研任务的哲学。第三章也探讨了现象学视域下的教育问题,并从哲学上表达了些思考。当然,凡事不是绝对的,只是讲一般。

第四章研究了合法性和执政党合法性的前提与价值核心。"合法性不是与生俱来的",也不是"天生的",合法性需要执政党去奋斗、去争取。中国共产党就是这样一个伟大奋斗的党,中国共产党长期执政的合法性根源在于"人民至上"的价值理念。

# 目　录

# 第一章
# 生命伦理视阈中的资本

## 第一节　拒绝死亡的恐惧：从《克利同篇》谈起

### 一、坚持灵魂不朽是苏格拉底身陷囹圄不逃避死刑的根本原因

读过苏格拉底《克利同篇》的读者都知道，苏格拉底在死前一直谈论的核心话题就是关于死亡的问题。克利同劝苏格拉底越狱逃避死刑，而苏格拉底坚决不逃避自己面临的死亡。他做了很多解释，但基本有以下六种解释：

第一种，不想牵连自己的朋友。如果苏格拉底逃跑了，将有人告发克利同等帮苏格拉底逃跑的相关人。可能导致朋友遭受财产和其他更严重的损失或者危险。苏格拉底本人也承认这一理由："是的，克利同，你提到的正是我担心的事之一。"①

第二种，逃避死刑是不正义的事情。花钱买通狱卒放走苏格拉底是可能的事，而且也有不少朋友和学生愿意为苏格拉底去冒险，但是苏格拉底认

---

① ［古希腊］柏拉图：《克利同篇》，载《哈佛百年经典》（第22卷），张春、朱亚兰译，北京理工大学出版社，2014年，第29页。

为,这样不好。因为这种偷偷摸摸的事情违背了苏格拉底向来做人的原则。他自己也认为做不正当的事不光彩,那是邪恶的、可耻的。苏格拉底在与克利同的对话中反诘道:"如果以恶报恶,像人们所说的那样,是正当的还是不正当的?"①可以肯定,克利同选择了后半部分回答,即"不正当"。

第三种,维护雅典城邦的法律权威。苏格拉底认为,逃跑就是背离国家和法律。作为一个国家的公民,就必须遵守这个国家的法律,必须听从这个国家的一切安排。因为出生在这个国家,如果违背这个国家的法律就是撕毁双方签订的协议。

第四种,活够了。苏格拉底入狱时正好 70 岁,在古代这种年纪也算长寿了。他认为这把年纪去逃跑,躲避死亡是不道德的。这个年纪的人难道还要忍受这种羞辱之言?难道要活在别人的羞辱之中?一辈子卑躬屈膝地生活是不值得的。苏格拉底自言自语:"像你这把年纪老头,为了多活日子还要把最神圣的法律踩在脚下吗?"②

第五种,神的旨意。苏格拉底之所以如此坦然赴死,而不愿意接受克利同的说服,有个很主要的原因是他是有神论者。他认为神在召唤他,所以他不得不离开此岸世界。他认为他好像听到了神笛,神笛如雷贯耳,从而使自己听不进其他话语。最后,苏格拉底说:"好吧,克利同,我们就照这样办,因为这是神的旨意。"③

第六种,相信人死后灵魂不朽。苏格拉底在狱中好多天一直与朋友和学生争论关于灵魂的问题,特别是关于灵魂转世的问题。苏格拉底在《申辩篇》里就阐述了死亡后的两种可能:一种是死了就是什么都没有了,一了百了,

---

① [古希腊]柏拉图:《克利同篇》,载《哈佛百年经典》(第22卷),张春、朱亚兰译,北京理工大学出版社,2014年,第35页。

② 同上,第38页。

③ 同上,第39页。

没有任何知觉；另一种是死后灵魂从一个地方跑到另一个地方。从后面的《克利同篇》和《斐多篇》中苏格拉底的对话来看,实际上他更相信灵魂不朽。因此他才可以如此坦荡地喝下毒药,在毒药发作时他也不展露一丝痛苦。这明显是一种强大的心理力量在支撑他的灵魂不朽的观点。苏格拉底说,灵魂从一个地方跑到另一个地方,肉体死去的灵魂跑到另一个地方,可以看到心目中很多当年早就去到另一个地方的英雄。例如,荷马、俄耳甫斯、赫西俄德等。辩论到最后,苏格拉底提醒说:"离开的时辰到了,我们各自走我们自己的路——我死去,你们将活下来。谁的命运更好,只有神知道。"①

《斐多篇》展示了苏格拉底赴死前一天的讨论情况,主要围绕灵魂在人出生前是否存在,以及灵魂在肉体死亡后是否继续存在的问题。当时苏格拉底主要是让辛弥亚和格贝相信灵魂不朽。这部分内容占据《斐多篇》的大部分内容。最后在场的所有朋友和学生都已经认可了苏格拉底的观点,即灵魂不朽,它在一个人的生前存在,并在一个人死后还继续存在。特别是在即将执行死刑的时候,苏格拉底还在规劝在场的朋友,要大家多给灵魂打气,拒绝肉体的享受,肉体的享受对自己有害无利。只有一心追求知识的快乐,不用外在的饰物装饰自己的灵魂,而需要用自己特有的东西去装饰自己的灵魂,例如用理智、自由、真实、公正这些东西,也就是与心灵有关的东西。这些东西看不到也摸不到,恰恰是真实的、可靠的。在《斐多篇》结尾的地方,斐多是这样写的:"在我们所认识的人中间,是最明智、最善良、最公正的人。"②

那么在这些原因中,哪个原因是最主要的?笔者认为,第六种是苏格拉底不逃狱的最主要原因。《申辩篇》最后强调的是神的召唤,这里已经预示着苏格拉底不可能向审判团低头获得苟且的机会;《克利同篇》整个论辩都是

---

① [古希腊]柏拉图:《申辩篇》,载《哈佛百年经典》(第22卷),张春、朱亚兰译,北京理工大学出版社,2014年,第26页。

② 同上,第106页。

循循善诱告诉克利同不要规劝苏格拉底逃跑，苏格拉底用递进的方式推进他不逃避的原因。先是说自己不想牵连朋友和学生，然后说逃跑本身就是不正义的事情，接着说自己生是雅典城邦的人，死也交给雅典了，需要维护雅典的法律和制度，不应该违背雅典人民的意志。后面又强调自己年纪也大，毕竟70岁的人，何必在生死方面看不开呢? 顺着上面，苏格拉底说神的旨意在召唤他的离去，没有必要再留恋世间生活。最后苏格拉底强调灵魂不朽，所以不惧怕死亡，因为死后灵魂还在。而且苏格拉底认为，人死后灵魂还在，只是到了另外一个地方。人的灵魂脱离了肉体去到另一世界是很美妙的事情，因为没有肉体的羁绊，灵魂更加纯洁、更加明朗、更加干净。这时的灵魂是自由的灵魂，是最自在的灵魂，也是最高贵的灵魂。何乐而不为呢? 死有何惧哉? 苏格拉底能够欣然赴死是有充分准备的，根本不是一时冲动的行为，这是合乎他的一生爱智慧的言行。

苏格拉底一生穷困潦倒，他的身边随时有很多仰慕者追随他，跟他一起探讨智慧，追寻知识。但是苏格拉底并不像智者学派，智者学派为了经济利益，可以不讲原则地颠倒是非，只要给钱就可以为你辩护打官司。苏格拉底不是为了经济利益去与他人讨论和探讨智慧的，他只是为了智慧而讨论智慧。所以他与别人的对话完全是为了搞清楚知识问题，例如美德、英雄、正义、美、善等概念。对这种普遍性问题的探寻就是苏格拉底一生的主要行为，这就是他认为的"爱智慧"。这种爱智慧行为是纯粹的、没有功利性的，是对人世间基本问题的探讨，是对希腊早期自然哲学的背离。苏格拉底开始把哲学的对象从自然转向人自身，转向人的意义和价值问题，转向一系列终极价值问题。例如，关于灵魂不朽的探寻和证明、关于正义本身的讨论与寻求。

问题就在这里，一个穷困潦倒的人毕其一生以人的德性和正义等问题为探讨的对象，普通人看来很难理解，但这恰恰证明了苏格拉底的伟大之处。没有强大的定力和信仰，是不可能会持之以恒去坚持的。

## 二、中国传统文化关于死亡问题

中国传统文化避谈死亡问题。儒家强调的是人伦道德，道家强调的是自然无为，他们对超自然的现象并无兴趣，或者表现为存而不论。儒家代表孔子曾经表示"未知生，焉知死"，其更关注的是当下生命的修炼，即如何使人生变得有"礼"且有"仁"，对于死亡问题包括死后的灵魂问题，表示了不愿意或不必要去关注。因为现实人们对于修身立身之本还没有搞清楚，何谈死亡之事，谈超越之事就是奢谈了。孟子对于死亡问题的谈论基本与孔子相似，孟子关注内圣外王之道，实际就是关注人的命运与国家命运的关系，基本排除了对死亡问题的探讨。例如，孟子就认为"故天将降大任于斯人也，必先苦其心志，劳其筋骨，饿其体肤，空乏其身，行拂乱其所为；所以动心忍性……"这里的"大任"实际还是人世间的事情，即个体命运与国家治理之道相关。这里的"天"也没有超越之意，不像西方有宗教文化背景的超越寓意的上帝。

儒家文化在整体上关注的是个体与国家命运的双向黏合，基本排除对生死观的关心。难怪傅伟勋先生说："儒家的生死观完全排除个体不朽这一点，充分反映了儒家型任务的'硬心肠'。"①

道家代表老子的"道法自然"基本展现了道家的核心思想，即"自然无为"。这里的"自然"实际就是自然界的自然，世界万物包括人都源于自然，复归于自然。所以老子的"各归其根"表明了世间万物都归于其来源，其实就是天道之本。死亡如生命一样是自然现象，都是天道轮回，是自然循环的景象而已，如果对死亡这种自然现象产生恐惧，本身就是背离自然的行为。

所以道家在生死问题上不认可儒家的回避行为，因为儒家实际上是在

---

① 傅伟勋：《死亡的尊严与生命的尊严》，北京大学出版社，2006 年，第 90 页。

回避死亡，而没有去体验死亡。庄子是中国传统文化中最先不避讳谈死亡的代表，他对于生死看得很淡，所以他直面生死，不避讳，直接体验。庄子曾经说过"人之生也，气之聚也，聚则为生，散则为死"，其实就是把生死看作自然循环，没有必要惊恐，也没有必要回避。庄子曾经也说过"方生方死，方死方生，方可方不可，方不可方可，因是因非，因非因是"这样的话，很多人把这些话语解读为相对主义或不可知论，这是错误的解读，用了西方形而上学思维的解读方法，机械地看待道家思想的精髓。实际上，庄子的思想更看重自由和超越，反对固定的"仁义礼智信"等同一性概念状态。有一个典型例子就是，庄子面对妻子的离世，却"鼓盆而歌"，不是他不敬妻子，而是对生死看得很淡。

由于儒家思想是中国封建时代的主流思潮，所以儒家的生死观必然影响中国人的生死观，从整体来看，儒家思想是入世的，不看重超越的一面。当然，不少学者认为儒学具有超越性层面，不过不像西方文化的超越性。西方文化的超越性是一种外在超越性，提倡人之外有一个高不可攀的绝对实体即上帝。这个上帝在不同时代学者那里有不同的能指，在苏格拉底那里是"神"，人们永远达不到神的智慧，所以"我知我无知"，人生只是爱智的过程，我们无法得到真知，只有神才掌握真理。人不能与神相媲美。到了柏拉图，他认为"理念"是世界的本质，一切现象都是模仿了理念，不是真实的，理念才是真实的世界。举个例子，各种具体的杯子不是真实的存在，恰恰那个共性的杯子才是真正的杯子本身。到中世纪的经院哲学，这个超越性指的是上帝，上帝是全知全能的，一切来源于上帝，一切复归于上帝。天国才是真实的生活，人间是虚幻的，人的一生就是不断努力修炼，使未来彼岸的世界更好。到古典哲学集大成者黑格尔，世界历史的终极力量来自绝对精神，历史是绝对精神的运动，现实的人恰恰是绝对精神的工具，为了实现绝对精神的目的，历史中的人只是历史精神力量的体现，其实质是历史的绝对精神运动，不是人的运动，人的运动是绝对精神的手段，这种手段推进历史的外在化，即人的对象化是在绝对精神的命令中实现的。进入哲学后现代时期，西方哲学的超越性并没有丢弃，虽然上帝理念有些动摇，但是绝对的超越性不可能消失。经过尼采的"上帝已死"，到福柯的"人已经死亡"，最终我们发现，上帝的超越性在西方文化中还是一种至关重要的文化实体现象。

中国传统文化提倡内在超越性，作为内在超越性的中国传统文化，主张宇宙本体为本原，以道德为本位，它不提倡绝对的外超越性，也就是不提倡把绝对外在的上帝等精神实体作为超越性，但是主张道德人格意义上的超越性。儒家就重视对人生价值和意义问题的探索，主张人生需要主动融入当下的制度化体制中，以彰显"修、齐、治、平"的本色。离开了当下的现实世界，谈论超越性是没有意义的。

总之，外在超越强调人无法达至的制高点，人永远也不可能成为神，永远有他的缺点甚至原罪。这样人就有一条边界，这条边界恰恰体现了人的谦逊和温和。内在超越实际上提倡人的自我修炼可以达至圣人，天人不分，达到人与天同体，与宇宙同在，从而达到完善人格。这是何等的理想？

## 三、对死亡问题的一点感悟

海德格尔说过"人是向死的存在"，说明了人的出生就意味着已经伴随着死亡，这种死亡是必然的，是人的存在的一部分，也是偶然的，因为它的到来是在未来的某一天某一时。我们经常说人是平等的，也许在死亡面前，人真正是平等的，因为任何人都将面临死亡。我们说赤裸裸地来赤裸裸地离去，实际上前一个赤裸裸还是不公平的，因为有人出生在富贵之家，也有人出生在贫穷之家。后一个赤裸裸的确是最公平的，因为确实带不走什么。人去世的时候，物质世界的一切东西都得留下。死亡对任何人都是平等的，一定有这一天的到来。

另外一个内涵是，死亡只是每个人自己的事，没有谁能够代替你的死亡,靠个体单独去面对。所以死亡是孤独的事情,不是热热闹闹的事情。在死亡面前,人要么孤独无助地离去,要么恬静自然地离开。难怪苏格拉底认为人生就是练习死亡。

因此练习死亡是人生的一件大事,但要练习死亡真不容易,不经过哲学或者宗教上的苦练是难以达到的。因为苏格拉底相信灵魂不朽,而其相信的灵魂不朽不是一朝一夕得来,而是经过其一生爱智慧的体验和实际操作得来。关于死亡的大智慧是需要人生的苦苦思索和体会才能得到的,所以哲学就是练习死亡。不学习哲学和宗教学知识,不去体验爱智慧的辛苦和幸福是得不到关于死亡的洞见的。

面对死亡,不同的人有不同的看法,也有不同的超越。一般而言,普通人为了生计,投身于忙忙碌碌的日常操劳中,过着算计、琐碎、简单循环的日子。往往没有时间和心态去谈论和思索死亡问题。所以最简单不过的是投身于这种大众生活,爱别人所爱,恨别人所恨,做别人所做,思别人所思。正如人们常说的"熙熙攘攘,皆为利忙"。这种状态的人最容易忘记死亡,也就不谈论死亡。只有到了亲人或者朋友死去了,他们的心灵才会产生一丝痛心或怜悯,在一般情况下,死亡还没到,就不用担心。其实这种情况严格意义上不叫对死亡的超越,至多是对死亡的回避。就像希腊哲学家伊壁鸠鲁的快乐哲学,他认为人们没有必要担忧死亡,因为"当死亡来临时你已经不在了,当死亡没来到时你还活着",所以不用担心死亡。过好每一天,快快乐乐的多好!伊壁鸠鲁认为人生快乐的两个条件是"身体无痛苦,心灵无纷扰"。

我们经常说,顺其自然,干该干的事,想该想的事。活着好好活,死的时候让它去,不必强求,心平气和地对待自己和他人的死亡。这种常态的人就是海德格尔强调的"常人"。实际上,常人就是平均常态的人,他们热衷于当下,一切顺其自然,面对死亡不强求不抗争。

哲人面对死亡有其不同的超越方法。苏格拉底说,学习哲学就是练习死亡。这里讲的哲人,主要是西方希腊以来的占主流的观念论哲学家从事的哲学思辨事业,不是一般意义上的哲学家,而是指沿着苏格拉底、柏拉图所从事的事业不断推进的哲学事业者。面对死亡, 这些哲学家有一个共同的志趣:灵魂不朽。

苏格拉底和柏拉图坚信灵魂在人死前存在,在死后也继续存在。所以我们的知识在人出生之前已经存在某个灵魂上,当我们出生时,灵魂已经附在肉体上了。所以,知识不是学习得来,而是回忆得来的。因为灵魂转世后,需要一段时间回忆才可得到过去的知识,人的灵魂在肉体死后还继续存在,不过存在其他地方。正义的人死后灵魂会存在一个正义的地方,邪恶的人灵魂变成邪恶之人的灵魂。

因此,对于一个正义的人,其死后灵魂不死,他的灵魂将到达一个非常好的地方,未来将又变成一个正义人的灵魂。苏格拉底等哲学家之所以面对死亡很淡定,而且坚持原则和正义,不卑躬屈膝求生,关键在于一生练就了强大的灵魂,可以积极面对生死问题。

一个不直面死亡的人,往往是惧怕和恐惧死亡,因为其贪婪现实的物欲和感官的快乐。有些没有自觉死亡意识的人往往执着现实的可感之物不能自拔,太多的挂念让他回避死亡,拒绝谈论死亡,也不敢直面死亡问题。柏拉图曾经说过, 有无自觉的死亡意识是鉴别真假哲学家的试金石。杨足仪认为:"只有超脱个别事物、看破生死界限、树立自觉死亡意识的人才能摆脱肉体牢笼的囚禁,克服感官的障碍,步入神圣的理念世界,获得哲学知识。"[1]

道家超脱死亡的方式很特别,实际上就是庄子提倡的"逍遥"和"坐忘"。这里的逍遥就是消解一切执念,忘却人世间的物化现象,从而达至超越状态,这种超越状态即自由。虽然道家的自由与西方哲学强调的主体自我的自由有些区别,但是道家的自由应该可以理解为"超脱"。这种超脱在有些学者看来是一种消极避世的还没有主体意识的状态,但笔者认为,超脱在某种意义

---

[1] 杨足仪:《死亡哲学》,经济科学出版社,2013年,第96页。

上就是人的一种高级忘我状态，恰恰是在刻意消解主体性情况下的一种状态。这种自由是一种作为人的至高状态。庄子提倡的逍遥主要指不局限于形，从形中超拔出来，远离现实的物的繁忙，使心灵达到远离现实的物形，使心灵独立于物而自由和强大，从而克服死的纠缠。杨足仪说："也只有这样的心灵，才能真正摆脱凡间尘世的千沟万壑，才能根本打破套在我们肉体和心灵上的种种枷锁，去掉各种累赘，达到逍遥。"①

庄子的坐忘指什么呢？难道是指忘记一切，自我陶醉吗？显然不是，因为作为道家经典代表人物的思想不可能这等浅薄。《庄子》里是这样描写的，"堕肢体，黜聪明，离形去知，同于大通，此谓'坐忘'"，坐是从形式到实质的状态，忘是指超越了世俗当下的一种无挂碍、虚静状态，所以它不是指逃避和自我陶醉，而是一种人为地退回到内心，保持内心的虚静和定力，这样才能看穿世间万物、人生冷暖。在人生哲学层面，坐忘有忘却死亡之忧的内涵。

所以不管是逍遥还是坐忘，庄子展现的道家精神就是一种超越精神，一种超越生死的精神倾向，这种倾向不是消极避世，而是一种内心的强大，一种顺应自然状态的天人合一。达到这种状态的人才能轻松驾驭自我灵魂的指向，而不被现实变幻莫测的世界所掩蔽和模糊。看清世间冷暖，直觉世界纷繁，内心具有强大的定力和超然。只有这样，才能看清世间芜杂，弄清社会真情。也只有这样，才能把握内心脉络，不为外物所动，这样，人的怯弱和茫然就自然褪去。

今天的世界是一个科技发达、医学昌盛，人们生活水平不断提升的时代。随着历史继续推进，人的寿命也会越来越长。现在最可怕的是，当人的寿命越来越长的时候，我们不得不直面一个严峻问题，即健康的长寿如何可能？生活质量提高的同时能否推进生命的质量，特别是死亡的质量？

当下，随着中国老龄化时代的到来，老年人的健康问题和生命质量问题

---

① 杨足仪：《死亡哲学》，经济科学出版社，2013年，第105页。

越来越引起社会的关注，死亡问题也越来越引起社会的重视。有尊严的死亡被学界和社会关注。

当前，全世界工业化国家有个普遍的现象那就是面对人的死亡也是采取工业化流程：疾病—送往医院—死亡—殡仪馆—墓地，这个流程完全按照现代化的管理模式推进，对死亡的处理如此现代模式，以至让人感觉缺乏点什么。特别是缺乏宗教信仰的国家，对于濒死人的临终关怀甚是缺乏，基本上就是工业管理模式处理，把死去的人的身体只是当作尸体处理，亲人只是负责缴费走完流程即可。

在中国的城市，在处理死亡事情方面与西方工业化国家几近相同，在农村，由于城市化速度的加快，留守老人群体的扩大，患重大疾病概率不断增加，中国人面对的死亡问题也显得越来越严峻。例如，临终关怀、安乐死、死亡尊严等问题越来越凸显。一个奇怪现象，在中国绝大多数城市，现代化设施的小区建设得越来越豪华和壮观，小区配套的幼儿园也越来越好，但就是很难找到与配套幼儿园一样的配套老年疗养院；在农村，年轻人住宿条件越来越好，钢筋水泥楼越来越坚固结实，但是老人越来越边缘化到住进20世纪的砖瓦房甚至危房中。这其实就是对死亡的忘却，对老年人生命关怀缺失的活生生的表现。

当人们目睹一位亲人或者友人在病榻上遭受绝症折磨而痛不欲生的时候，一定会从内心呼唤着死亡尊严和临终关怀等制度化、人性化体制。

所以，在此，笔者不仅提倡一种超越生死的内心哲学，还呼吁一种面对死亡的制度化的关怀模式。不为其他，就凭海德格尔的"人是向死的存在"。当人人都会面临死亡时，当谁都逃不掉的时候，生命价值和死亡尊严问题迟早会进入每个正常人的大脑。

# 第二节　资本控制下的生命逻辑及其展望

历史进入大规模商品经济时代，也就是资本主义时代，好像一切都是商品，因此可以用来买卖和交换。所谓最高价值的人，也经常像商品一样，可以用来买卖。当然用来买卖的是人的劳动力，劳动力成为商品，人的价值到底在哪里，或者说人之为人难道与其他商品无异？在资本控制下的人们好像是活生生的木偶任人摆布，或许还有其他希望？在历史长河中，人类创造了一个媒介——货币，货币成为资本后变成规训人的魔王，从商品拜物教到货币拜物教再到资本拜物教，好像人是资本的主人，实际上有多少人能够逃脱资本的控制和规训？马克思主义给人类指出了逃离资本支配生命的逻辑。

## 一、资本逻辑的神秘与祛魅

商品是马克思分析资本主义的细胞，要了解商品，必须搞清楚的是商品的两个基本属性——使用价值和价值。使用价值是商品的有用性，即商品的自然属性，是看得到摸得到的，并在使用过程中体现出来的"有用性"。而价值就不同了，价值是包含在商品中的无差别的劳动，所谓无差别的劳动即劳动者的精力，包括体力、脑力的综合，它指商品的抽象性和社会性。如果用社会财富展现商品的使用价值，而用货币体现价值，那么商品的内在矛盾即价值和使用价值的矛盾就体现为货币和商品的外在矛盾。要获得任何商品必须付出价值符号即货币，按照马克思主义政治经济学有关价值规律的内涵，一切商品的交换必须按等价交换的原则进行，而价值量是由生产商品的社会必要劳动时间决定。因此，劳动创造价值，劳动是价值的唯一源泉。在某种意义上，商品交换即劳动的交换，劳动要能够交换，其实意味着劳动力要成为商品。劳动力成为商品是货币成为资本的前提条件。

只有劳动力大规模地进行买卖的社会，才是一个资本主义社会，也就是货币成为资本的时代。等价物的货币只是流通媒介和价值尺度，但是当这种货币用来购买劳动力，用来促使劳动力创造比劳动力价值更大价值的时候，货币才成为资本。所以，笔者的直观表述是，资本主义就是以资本为中心的社会。当劳动力成为商品，人的所谓价值如何界定？在资本主义社会，人只不过是商品，人不比其他商品高贵。所以，在资本主义形态的社会，"资本的增值就是人的贬值"。在这种形态的社会，教育无论被抬高得多么高尚，实际就是培养适应资本和生产资料配置的劳动力商品而已。人的受教育过程就是使劳动力商品增值的过程，找工作的过程就是寻找商品买家的过程，人的地位就是一般商品的地位，因此所谓人的至高无上性体现在哪里？

当某一商品固定充当一般等价物的时候，货币出现了。由于成了一般等价物。货币就成了万能的商品，它可以充当一切商品，因为任何商品都可以折算成货币量，然后再用货币去兑换其他商品。货币这个一般等价物变成了神秘物。人们对商品的追寻和消费首先要获得一定额度的货币量。表现在现实生活中，人们表面是在寻找货币，其实就是在寻求商品的价值或者使用价值。货币的神秘性也就展现出来了。

劳动力成为商品，商品需要货币来展现，因为货币是一般等价物。人的价值可以用货币来体现，人的价值有什么高于其他商品的地方吗？马克思从资本主义社会中抽象出"商品"这个细胞，从商品抽象出"货币"这个概念，再从货币抽象出"资本"这个概念，资本的逻辑终于破茧而出。从复杂的资本主义形态找到研究资本主义逻辑起点即商品概念，在显微镜下寻找到货币这个等价物，然后再从货币符号中探寻到资本的神秘。马克思揭示了资本主义早期的商品拜物教，又展示了资本主义中期的货币拜物教，最后揭露出垄断资本主义的资本拜物教过程。

在传统社会，人们头脑中有一个人格意义的神，把神当成万能的存在；

在现代社会早期，由于早期启蒙运动的兴起，人们打破了上帝的支配，看透了上帝的面纱，也就是费尔巴哈所看到的"宗教是人的自我异化"；再到18世纪法国启蒙运动的风起云涌，"人格神"的神秘性宣告失效，但是另外一个神逐渐抬头，也就是非神圣性的神圣性——"商品"，以及商品的符号货币的神圣性，到最后资本的神圣性也就产生了。从商品拜物教到货币拜物教，再到资本拜物教的出现，人类的命运已经递交给了另外一个宗教——资本。资本主义这个概念逻辑就是这样得到的。

　　为了经济利益，必须获得资本，资本是资本主义的中心词汇。资本给社会带来了灾难，社会异化为追求价值符号的机器，恰恰忽略了人的真正价值本身。托马斯·莫尔批判资本原始积累"你们的绵羊本来很驯服，吃一点点就满足，现在变得很贪婪，甚至要把人吃掉……"①；傅立叶控诉资本主义"所谓文明制度，一切都是倒行逆施，一切都是恶性循环，一切都是相互欺诈"②；圣西门把资本主义法国当成"没有才能的统治有才能的，道德败坏的人支配善良的公民，完全是个是非颠倒的世界"③。在欧文眼中，"现实生活中的劳动阶级遭受着比以往任何时代都深重的灾难"④；"人生而自由却无往不在枷锁中"⑤是卢梭对资本主义文明的经典批判；而马克思把资本主义社会的工人当成"没有系上锁链的罗马奴隶"，"资本来到人世间，从头到脚每个毛孔里都滴着血和肮脏的东西"，"如果有10%的利润，它就保证到处被使用；有20%的利润，它就活跃起来；有50%的利润，它就铤而走险；为了100%的利润，它就践踏一切人间法律；有300%的利润，它就敢犯任何罪，甚至冒绞首的危险"。⑥

---

① ［英］托马斯·莫尔：《乌托邦》，戴镏龄译，上海三联书店，1957年，第86页。
② ［法］夏尔·傅立叶：《傅立叶选集》（第一卷），赵俊欣等译，商务印书馆，1982年，第2页。
③ ［法］昂利·圣西门：《圣西门选集》（第一卷），董果良等译，商务印书馆，1979年，第239页。
④ ［英］罗伯特·欧文：《欧文选集》（第一卷），柯象峰等译，商务印书馆，1979年，第195页。
⑤ ［法］让－雅克·卢梭：《社会契约论》，何兆武译，商务印刷馆，2003年，第15页。
⑥ 《马克思恩格斯文集》（第五卷），人民出版社，2009年，第871页。

## 二、资本控制下生命的异化

### （一）异化劳动与资本家的异化

资本主义上升时期，也就是马克思描绘的早期资本主义历史是资本控制下的资本增值与人的生命异化的历史。在资本主义条件下，一切人都被资本所控制，而资本掌握在资本家手中，工人生命的异化非常严重。为了生存、服务于资本的增值，工人必须不断出卖自己的劳动力，获得自己和家庭的生活资料。工人劳动产出得越多，资本家得到的就越多，工人被剥削得越多，资本家拥有的资本就越多，拥有继续雇佣和剥削劳动力的资本就越多。因为所谓资本的来源不外乎是工人创造的剩余价值。所以，工人的劳动在不断积累资本的力量，同时资本不断用来继续强化对工人的剥夺，工人将失去的更多。因此资本对于工人而言是一种外化和疏远化的存在，也就是马克思描绘的"异化劳动"。异化劳动导致工人把劳动当成痛苦、当成负担，当成只是为了活命的基础，他们在劳动中得不到快乐，也没有激情的释放，他们的身心都遭到摧残。工人把劳动当作瘟疫一样进行逃避。

异化劳动的根源在于资本主义私有制，因此私有制的强化，又增强了资本异化的力量。由于资本家占有生产资料，生产资料就是资本的物化，因此资本主义的所有制必然产生对工人劳动的异化。工人只是在资本主义生产方式中的工具，即满足资本增值的手段。因为工人本身就是资本主义生产资料的一部分，活劳动的来源即劳动力。劳动力是商品，是资本主义生产方式中的重要资本，是剩余价值的来源，也是资本增值的源泉。马克思在《资本论》第一卷中称呼工人的劳动力是"可变资本"，也就是剩余价值的源泉。因为不变资本只是生产创造剩余价值的辅助资料，它们在生产中转移到新产品中去，并不增加新值。但是劳动力就不同了，它能够创造出工人劳动力的价值,还创造出超过劳动力价值的部分即剩余价值,剩余价值被资本家无偿占有了,剩余价值增强了资本家控制工人的手段。资本主义的生产就是如此反复运转。

资本对于工人产生了劳动的异化,那么资本主义对于资本家是否存在异化现象呢?答案是肯定的。因为资本在控制工人命运的同时,照样把其他群体置于这种支配之下,任何人都无法摆脱资本的强制与奴役。

资本家受制于资本增值的逻辑,也被资本增值的逻辑所操控。追求和生产剩余价值是资本主义的绝对规律,满足于无节制的资本主义的剩余价值生产惯性和周期,资本必须周而复始地循环,同时不断实现增值,让单个资本的私人劳动变成满足社会需求的社会劳动。私人劳动只有实现了社会劳动,资本家才能继续扩大生产并继续追求剩余价值,否则,资本的运动就会结束,资本家的命运就会很惨。服务于资本增值的目的,资本家只能不断扩大生产,化剩余价值为资本,不断推进资本积累和资本循环。因此,资本家也像工人,被束缚在资本增值的循环扣上而不能自拔。马克思的“有产阶级和无产阶级同是人的自我异化”①,高度概括了资本主义社会人的生命现状,即异化的命运。

资本家之所以被称为资本家,其实就是资本的人格化,因为他也是为了完成资本增值的工具而已。资本家在资本增值过程中,充当了资本增值的主导者和管理者的功能,而工人处于资本增值的下层,就是直接与生产资料相连接的劳动者,他们的本质一样。资本家对资本的管理和控制不是出于其自身的主观意志,而是服务于遵守资本运行的基本规律。所以,资本家实际上也是受到资本驱使的,只是资本雇佣的“宦官”,也是不自由的。

---

① 《马克思恩格斯全集》(第2卷),人民出版社,1972年,第44页。

（二）资本支配下生命的全面异化

第二次世界大战后，资本主义进入全面异化阶段。早期法兰克福学派由于部分时间生活在发达的资本主义世界即美国，他们敏锐地察觉到资本控制下生命遭受的控制和欺骗。在资本主义晚期，服务于资本增值的需要，精英文化式微、大众文化高歌猛进，不断取代精英文化和主流文化。表面看来是文化的民主化过程，也是文化的平等化推进，因为平民也可以平等享受声光化电式文化的喧嚣和狂欢，但是这种文化表现出平面化和碎片化，它不能很好地促进人们进行理性思维和反思，而是涣散了人们的沉思，让人们陷入表面的热闹和喧嚣。在众声喧哗之中，人们的生命失去了更深层的思维，留下了热闹后散落一地的失落和无聊。在法兰克福不少思想者那里，大众文化就是执行了资本主义的欺骗和操控职能，它让人们"爱人所爱，恨人所恨，喜欢人所喜欢，讨厌人之所讨厌"，人们缺乏批判思维，留下的就是认可和承认。好像"现实的就是合理的，合理的就是现实的"是千真万确的绝对真理。实际上，如果根据马克思主义资本理论进行思考，不难发现，法兰克福学派振聋发聩的批判是不失其真理性的。虽然大众文化给予人们一些开心和快感，但是往往让人们陷入平淡和浅薄。大众文化仅仅是大众的文化吗？不，其实大众文化深层次包含了资本家追求资本理论的欲望。资本贪婪的目光看中的是资本所追求的剩余价值，而不是为了人们的快乐。快乐只是一种延伸品，甚至大众文化带来的快乐不一定就是幸福，因为快乐与幸福是不尽相同的。在马尔库塞的理论中，大众文化就是对人的欺骗。它让人们陶醉在欢快之中不能自拔，也忽视了自己作为独立个体的反思和批判。人们肯定资本主义当下的一切，默默认可现实，默默接受当下。被大众文化汪洋大海包围的人们已经失去了批判性一面，落入一个向度，即"单向度"之中。

在现代广告传媒的大肆宣传和侵入下，人们已经产生了审美疲劳，已经不知道什么是真、什么是假，以至于在现代资本提供的丰富物质服务下没有了东西南北,没有方向,更没有了返回内心的静思。在晚期资本主义,到处是琳琅满目的商品,到处是广告,到处是大卖场,到处是闪烁的灯光工程,到处是整洁干净的交叉路口和交通信号灯,一切显得如此充裕和富足!而在马尔库塞等思想者眼里,这一切却是资本家赚取利润的工具而已。现象背后却是让人深思的本质,拨云见日,除去遮蔽本质的杂多的现象,人们发现这一切实际是一场十足的骗局。在晚期资本主义社会,消费文化已经异化了。资本主义传媒下的消费文化已经沦落为"虚假消费",相对于虚假消费的"真实消费"即满足身体基本需要的消费,如果超过这个量就是虚假消费。虽然真假需求很难准确定义,但可以肯定的是,晚期资本主义社会的确存在虚假消费现象:炫耀性消费和奢侈性消费就是典型。炫耀性消费就是把消费物品当成符号,当成炫耀的标志。资本家为了满足消费者的炫耀性消费,特地把商品划分成一个系列,让产品自身体现层次,从而让商品变成不同身份的符号。例如,德国大众集团奥迪公司生产了两个奥迪系列,它们分别是奥迪 Q1、Q3、Q5、Q7,奥迪 A4、A6、A8,两个系列都是数字越大,层次越高,价格越高,拥有人的身份不同。虽然人们不能对不同系列奥迪车质量指手画脚,但是这些系列的确是为了不同层次的需要,到底质量有多大差距不重要,其对消费者的身份意识非常重要。消费者对于高层次的符号追求明显高于低层次追求,可以肯定的是,奥迪汽车公司销售商和生产商有很高的消费心理学素养,他们摸透了当下资本控制下人们的消费心理,因为没有多少人能够逃过炫耀性需求。

在晚期资本主义社会,人与人的关系也异化了。由于资本主义市场经济主张经济人,主张利益最大化,所以在经济活动中,只强调利益,强调竞争,甚至强调社会达尔文主义,这种思想主张你死我活的零和博弈,即"你所得即我所失,我所得即你所失"。社会达尔文主义就是一种极端利己主义思想,这种利己主义如果在经济领域可行的话,那么在社会领域将导致灾难。试想如果社会也根据英国近代哲学家霍布斯的"丛林法则"生存,那么弱者如何存在？当经济利益法则推广到整个社会，当人们把经济利益当成衡量成功标准的时候，人的价值显然太狭隘，人的片面性就显得非常突出。经典马克思主义者对这种把人利益化的思想进行了攻击；西方人本主义的马克思主义对这种人性的异化进行了严厉的批判。当人际关系商品化，功利主义、拜金主义、享乐主义极端膨胀，假冒伪劣、坑蒙拐骗到处盛行的时候，这个社会肯定出了问题，这个问题就是：人类由于经济活动的产生出现了衡量商品的货币，最后货币成了衡量人际关系的唯一标准，那么这个社会的异化问题就已经相当严重。当男女感情用货币利益来衡量的时候，爱情就已经不是真正的爱情了；当人与人的友情在金钱面前被击得粉碎的时候，友情已经走到了尽头；当家庭温情被金钱算计的时候，家庭亲情也就出现了危机；当一个高校完全以金钱来衡量科研分数，并依据科研数量对教师进行奖惩的时候，或者当一个教师做科研是为了完成科研任务而不至于扣罚绩效奖金的时候，这种科研也将走向没落；同样，当一个高校的教学改革只是为了通过经济利益差距来刺激教师上好一堂课，那么这种改革的结果将事与愿违。一句话，利益不是人生的全部，甚至不是人的生命最重要的部分。

在晚期资本主义社会，甚至死亡都面临着资本的操控。出生是人生的开始，死亡是生命的终结，生老病死是自然规律。死亡不能被替代，死亡是重大的哲学问题。柏拉图认为"哲学就是练习死亡"；海德格尔认为，人的一生就是"向死而生"。哲学层面的死亡探讨比较抽象，但是现实层面的人们不断面临死亡，亲人的离世，朋友的离去，伟人的逝世，这些不能不让人们茫然、伤心和悲痛。有一个现实问题，那就是当一个绝症患者躺在病榻上接受现代医疗技术干预，而医生和家属都知道患者已经无力回天的时候，人们是愿意把患者接回家还是让医生继续进行毫无意义的治疗，让患者身上插满管子接受这种毫无希望的所谓先进医疗？如果建议继续治疗的是主治医生，人们怀疑是医疗资本逻辑使然，如果是家属坚持，往往是背后伦理道德观念的支撑。在医疗事业出现市场化趋向的国家，面对濒死绝症患者的过度治疗还是比较常见的现象，这就是医疗资本侵入死亡的过程。在现代社会体系下，一个人从生到死的整个过程都受到资本的操控。即使到了濒死时刻，医院、殡仪馆、火葬场和墓地，都是一个个资本项目渗入的工程。在资本主义当代，死亡已经是一整套工业化管理和操作流程。人作为崇高价值的存在和作为人的最一般的尊严，在这个过程中逐渐淡去。

## 三、自由生命的开启与追寻

人不同于动物，按照赫拉克利特的观点，人是逻各斯的动物；在亚里士多德的思想中，人是理性和城邦的动物。在中世纪，人被置于至高无上的存在下面，享受到上帝羽翼的庇护。近代，笛卡尔的"我思"开启了人的主体地位，让人与物彻底分开；康德把"意志自由"赋予独立的个体，使人有了道德意义上的至上存在；黑格尔的"绝对观念"把人的理性赋予为"绝对"。人的理性代替了"上帝"，这是人的张狂。海德格尔对传统形而上学进行了反叛，展示了"此在"从而彰显存在的价值；萨特干脆高呼"存在先于本质"。马克思在某种意义上是黑格尔的学生，他一方面强调人的自由全面的存在；另一方面，他突破了唯心主义的窠臼，始终把人的自由放在历史唯物主义的社会关系之中，不是空乏、抽象地探讨人的自由。可见，西方文明从一开始就酝酿了"自由"人的开显。

（一）作为自由意志语境下人的自由

古希腊哲学早就开始了二元对立的形而上学思维，柏拉图是典型的代表，柏拉图开启的在场形而上学强调看不见的理念，贬低实实在在的现象，这种哲学强调现实的具体来源于虚幻的精神实体，而且这种哲学思想抬高了超越性，压抑了现实具体的"存在"，这种哲学还不懂得具体人的自由。基督教哲学与柏拉图哲学有同源性，也是张扬超越的上帝，而压抑了现实人的生活,让人生指向了虚无的上帝实体。近代笛卡尔开创的主体哲学好像关注到主体的核心地位,其实这个主体只是抽象客体的抽象对象。近代哲学的主体就像中世纪的上帝那样,空洞无物,却至高无上,因此近代哲学并没有真正把具体人抬出来,也没有把人的"自由"问题当成思想的核心话题。黑格尔是古典哲学的集大成者,他张扬了主体的本质性,这个本质就是绝对观念,而具体的人恰恰变成了历史的工具,被绝对精神牵着跑,历史变成了精神运动。表面看来,黑格尔重视人的自由,其实他把人变成了被阉割的没有精神的边缘化的存在者,真正的存在者是"大写的"绝对精神存在。康德站在道义论伦理学基础上,提出了"人是目的"的响亮口号,但是康德的伦理学缺少现实生活的支撑,如果运用于现实会经常产生悖论。康德对自由的理解是联系"自由意志"来探讨的,"自由意志"有深刻的唯心主义踪迹,最终没有摆脱传统形而上学的羁绊。

立足传统形而上学,海德格尔倒过来进行思考。如果说传统形而上学重视存在,贬低存在者,海德格尔却倒过来思维,他的研究恰恰从存在者出发研究存在。实际上,传统形而上学表面重视存在的本体论,实际他们探讨的恰恰是一个个存在者,并没有找到研究存在的突破口。表面看来他们重视"存在论",其实只是停留在"存在者"上,成为无根的存在论,海德格尔批评道:"'存在着'这个词究竟是指什么?我们今天对这个问题有答案了吗?不。所以现在要重新提出存在的这一意义问题。"[①]海德格尔认为,存在需要存在者来展现,存在者有无数,但是能够体验到自己存在的存在者只有"此在","此在"就是活生生的当下行为的一个个具体的人;通过探讨具体的"此在"来开显"存在"才是哲学需要走的路,过去的哲学走了一条没有结果的弯路;存在是一种可能性,人是一种向死的存在者,存在总是人的存在,存在是人在劳作中的"无蔽"状态。因此海德格尔是一个现象学存在主义者,他开显了

---

① [德]马丁·海德格尔:《存在与时间》,陈嘉映、王庆节译,生活·读书·新知三联书店,1987年,第1页。

人的本真存在,揭示了本真存在的自由状态,对沉沦的存在进行了去蔽。

存在主义在法国的代表是萨特,萨特研究存在是通过与"本质"进行对立研究的。萨特认为,传统哲学的核心是"本质先于存在",因为他们先入为主预设了一个至高无上的"存在",如柏拉图的理念,经院哲学的上帝,笛卡尔的主体,黑格尔的绝对精神,还有费尔巴哈的类本质等,传统哲学预设了一个人的本质,这个本质不变,然后把其他特征往本质上面贴。萨特说,实际上,人的本质是自己在绝对自由中体现出来的,即人的本质是"做"出来的,不是静止不动的。萨特提出:"人的自由先于人的本质并且使人的本质成为可能,人的存在的本质悬置在人的自由之中。因此我们称为自由的东西是不可能区别于'人的实在'之存在(être)的。"①萨特还认为,人是绝对自由的,自由是人的命运。

有人说萨特是错误的,举个例子,人有杀人的自由吗?其实按照萨特的理念,人有杀人的自由,因为杀人和不杀人都是你的自由,杀人需要承担责任,承担责任本身也是一种自由。若不能自由承担责任,没有承担责任的义务,还是人吗?其实萨特的思想是有合理之处的。当然,无论海德格尔还是萨特的存在主义思想,存在主义毕竟是一种人道主义,人道主义哲学缺乏历史唯物主义的根基,显得苍白和无力。在资本控制的社会,人道主义的悲愤和唠叨可以激起一些民愤,但始终难以成为一种持久的现实力量。

(二)马克思对未来自由生命社会的描画

马克思主义对自由的探讨接续了黑格尔的自由思想,黑格尔的自由观是建立在认识论基础上的,即"自由就是对必然的掌握"。经典马克思主义者也主张"自由是对必然的认识"。必然是一种盲目的状态,是一种没有认识世界奥秘状态下的迷茫和无知。马克思主义认为认识必然争取自由,是人类认

---

① [法]让－保罗·萨特:《存在与虚无》,陈宣良等译,生活·读书·新知三联书店,1987年,第55页。

识和改造世界的根本目标。恩格斯说:"自由不在于幻想中摆脱自然规律而对立,而在于认识这些规律,从而能够有计划地使自然规律为一定的目的服务……"①人类认识自然规律是一个不断深化的过程,人类改造自然界获得的真理也是不断深入的,真理是相对的,因此自由也是相对的,世界上没有绝对的自由。可见,马克思主义探究的自由不是近现代西方学者所理解的自由,马克思主义提倡的是认识世界和改造世界的自由,这种自由是逐步深入的。而西方学者提倡的自由是"意志自由",意志自由当然具有绝对性,思想总是烂漫的,理念总是超越的,自由总是任其高远。回归现实生活,立足人类的世界历史,马克思主义发现,自由其实就是认识世界和改造世界。自由只有相对性,没有绝对性。毛泽东指出:"人类的历史,就是一个不断从必然王国向自由王国发展的历史。这个历史永远不会完结……人类总得不断地总结经验,有所发现,有所发明,有所创造,有所前进。"②

实现人的自由全面发展是马克思主义的终极目标。为了实现这个目标,需要通过阶级斗争,形成无产阶级专政,并通过无产阶级专政,达到共产主义社会。在《共产党宣言》中有一句经典概括:"代替那存在着阶级和阶级对立的资产阶级旧社会的,将是这样一个联合体,在那里,每个人的自由发展是一切人的自由发展的条件。"③马克思和恩格斯不仅概括性地指出了人类历史的五种社会形态,即原始社会、奴隶社会、封建社会、资本主义社会和共产主义社会,还强调了人类历史三种社会形态的延续,即人的依赖社会、物的依赖社会及其人的自由全面发展社会。④在"人的依赖社会",由于生产力落后,人们在狭小的范围内进行生产,人们之间为了生存,在孤立的地点上进行活动;在"物的依赖社会",人们形成了普遍的交往并发生了普遍的物质

① 《马克思恩格斯文集》(第九卷),人民出版社,2009年,第120页。
② 《毛泽东文集》(第八卷),人民出版社,1999年,第325页。
③ 《马克思恩格斯文集》(第二卷),人民出版社,2009年,第53页。
④ 《马克思恩格斯文集》(第八卷),人民出版社,2009年,第52页。

交换，商品范围扩展为几乎所有物品，人类也提升了自身的能力体系；在未来"人的自由全面发展社会"，消除了旧式分工，人们摆脱了为了生存的奴隶式分工，新的社会分工不是对人的限制。在未来自由全面发展的社会，人的自由时间大大扩展。不但服务于创造物质资料的劳动时间缩短，人们还有足够的时间从事科学、文艺等活动。劳动不再是谋生的手段，而是变成了第一需要，劳动是人生快乐的源泉，当然，未来社会的劳动不是纯粹的消遣和娱乐，同时是紧张和严肃的事情，比如音乐创作。

　　未来自由社会就是共产主义社会，这种社会的人从全面异化的异己力量中解放出来，社会生产力高度发达，实现了按需分配，人们之间摆脱了资本的控制；人际间的关系高度和谐，精神境界有极大的提升，所谓阶级社会的军队、法庭、监狱都将失去作用，战争不复存在，三大差别也将消失，人与自然之间、社会与自然之间将达成高度和谐。

　　共产主义社会是合乎人的本性的社会，是"真正的共同体"。在阶级社会，人与人、人与自然、人与社会这些关系是统治与被统治的关系，"人对自然的狭隘理解必然导致人对人的狭隘理解"。

## 四、结　论

　　资本逻辑就是人的命运逻辑，资本控制的逻辑就是人被制约和规训的社会，资本逻辑就是人与人、人与社会、人与自然相互反对的逻辑，资本的逻辑就是人性异化、关系对抗、精神枯萎、金钱至上、幸福标准单一的社会和发展逻辑。问题是，根据辩证法，任何事情都有"自反性"，资本的控制逻辑也包含了资本的解放逻辑。

　　资本主义社会毕竟还存在，在经济全球化的今天，资本主义还有其发展的空间。虽然马克思在《共产党宣言》中描绘了"两个必然"，但是后来在《〈政治经济学批判〉序言》中提出了"两个决不会"，当资本主义的生产关系还能容纳其生产力发展的时候,资本主义制度显然不会那么早就退出历史舞台。吊诡的是,由于历史进程的特殊性,社会主义制度并没有率先产生于西方发达资本主义国家,而是产生于落后的带有严重封建性的社会,无论是俄国十月社会主义革命还是中华人民共和国的成立和中国社会主义制度的建立,都是经典马克思主义作家没有预料到的。落后国家率先通过无产阶级革命建立了社会主义制度,这就带来了两个非常大的历史课题——落后国家建设社会主义的长期性和社会主义道路的多样性问题。由于落后国家走社会主义道路的起点非常落后,特别是生产力,在这种情况下,搞社会主义就不可能不提高生产力水平,根据经典马克思主义理论,落后国家可以跳过资本主义"卡夫丁峡谷"这个痛苦阶段,但是任何国家都不可能跳过生产力高度发展的阶段,否则就无法建设好社会主义。

苏联和东欧的剧变已经证明了社会主义跨越不了生产力发展阶段,没有生产力的快速健康发展,没有人民生活水平的提高,没有共同富裕,就不可能建设好社会主义。苏联和东欧的制度质变的确有资本主义和平演变的因素,但是马克思主义辩证法告诉我们,这些社会主义国家出问题的根本原因还是内因。当它们放弃了公有制,放弃了共同富裕两个基本原则的时候,离剧变就不远了。简而言之,东欧剧变不是马克思主义基本理论存在问题,恰恰是这些国家的执政党放弃了马克思主义基本理论,同时还机械地照搬了马克思主义的某些理论。德赛指出:"让我们回忆一下马克思勉强做出的关于资本主义之后应该出现什么社会的预言吧!它将是社会主义,这段时间之后接着是共产主义。但是,它会怎样到来,是个什么样子以及它如何运作,这些都是他所没有触及的问题。"①德赛认为东欧剧变的原因是苏东社会主义国家自己出了问题,放弃了马克思主义基本原理,导致"马克思的复仇"。

1978 年党的十一届三中全会以后,中国逐渐步入建设中国特色社会主

---

① ［英］梅格纳德·德赛:《马克思的复仇》,汪澄清译,中国人民大学出版社,2006 年,第 340 页。

义阶段。改革开放 40 多年,社会主义中国出现了翻天覆地的变化,特别是党的十八大以来,中国特色社会主义进入新时代,中国共产党对中国各项事业进行了全面深化改革,立足"五位一体"的整体布局和"四个全面"的战略布局,整体上推进了中国特色社会主义发展,使古老的中国站起来了,而且正迈着从富起来走向强起来的步伐。

这一切之所以发生,根本原因是中国共产党能够坚持以人民为中心的发展理念,坚持科学社会主义的一般原则,同时能够与时俱进地推进各项改革,推进党的建设新的伟大工程。中国共产党坚持与时俱进的理念,看到了落后国家搞社会主义的艰难,所以在 20 世纪 70 年代末果断放弃了苏联模式,借鉴了西方国家的发展经验,不断推进社会主义与市场经济相结合的步伐。中国特色社会主义实质就是对资本逻辑反思的结果,共产党的思路就是——既要运用资本发展经济的效率,又要坚持社会主义制度,同时遏制资本对生命的控制逻辑,发挥资本的自反性,为社会主义服务。

如果说现代性是从西方社会开始的,特别是西方 18 世纪启蒙运动推动了现代性的步伐,那么当代中国特色社会主义发展的现代性有自己的特色。理性主义、现代官僚主义管理模式、经济理性、经济人等推进了资本控制的逻辑形成,特别是在以知性化、计算化、利益化为中心的现代性思维支配下,人的感性生命也就逐渐走向枯萎。中国特色社会主义展现的现代性正在走出自己的特色道路,这条道路就是符合中国人民的利益,符合中国国情的现代性。这条现代性道路将推进中国人民不断走向自由而全面的发展。

## 第三节　克服道德悖论,建构道德与幸福一致的社会

中国民间有谚语"好人不长命,坏人活千年",人们也可以举出很多事例来证明这句话的现实性。但不管多少例子,都无法证明它的真理性。就像"天

下乌鸦一般黑"这也只是民间的一句牢骚话而已,因为只要找到了一只其他颜色的乌鸦就可以证实该判定的真伪性。同样,人们也可以举出很多事例以证明"好人不长命,坏人活千年"这种判断的谬误性。在此,笔者不想纠结现象与事例对判断的佐证,而只想把上述谚语作为引子来讨论一个背后深层问题:道德与幸福的关系。德性是否意味着吃苦而不幸福;反之,享受幸福是否意味着缺德?一个按秩序排队等公交车的当事人最后得不到座位,而一个没有秩序责任的家伙往往抢占了座位而逍遥自在,两者谁是幸福的?幸福仅仅牵涉结果吗?同样,一个为国家民族努力工作,甚至抛头颅洒热血不惜牺牲自家性命的人,与一个靠歪门邪道、背信弃义、阴谋诡计而获取利益反而长命的人,谁又是幸福的?所以,幸福不仅仅牵涉个体自己的感受,还包括对幸福的价值评价以及对幸福的合乎道德的追寻。

## 一、道德与幸福的伦理学困境

### (一)古代的德福一致理论

在古代,无论是西方还是东方思想家的观念中,幸福与道德是一致的,幸福即道德。也就是所谓幸福就是过一种德性的生活。幸福就是人所追求的最高目的和最高的善。亚里士多德把这种最高的目的和善称之为"至善"。这样,德性与幸福两者合一,一方面,德性是通往幸福的必要手段,幸福是德性的目的,是幸福而不是其他什么作为目的。亚里士多德强调:"幸福本身就是善。"[1]亚里士多德把幸福当成了伦理学追求的本体论或形而上学基础,把幸福当成人生的最高意义和存在的至上需要,也导向了亚里士多德《尼各马可伦理学》的主题。中国古代思想家也持有与亚里士多德相似的观点,把道德与

---

① Aristotle, *The Basic Works of Aristotle*, Randon house, 1941, p.937.

幸福相合为一，儒家创始人孔子主张事物可以追求，道德也可以追求。同时，孔子还提倡道德与幸福一致，子曰："一箪食，一瓢饮，在陋巷，人不堪其忧，回也不改其乐。贤哉回也。"①此言表明颜回即使处于简陋的生活中，也能够自得其乐，恰恰体现了道德与幸福的统一。幸福与物质有关，但不是完全由物质决定，人的德性往往是构成幸福的重要来源之一。甚至，人的幸福少不了德性的存在，否则幸福就要打大问号了。因为，重视德性之福，往往让幸福少了食色的过多干扰。在古代，沿着亚里士多德的幸福与德性的统一学说，分裂为两派，一派关注感性快感的幸福，如伊壁鸠鲁派，该派认为，幸福就是"内心无纷扰，肉体无病痛"，把幸福归结为快乐，快乐即道德，这就是快乐主义幸福论；另一派为斯多葛派，该派主张幸福就是道德问题，把幸福还原为道德问题，并提倡苦行僧生活。斯多葛派专注于人的德性与内心，提倡灵魂高尚的生活，所以被称为禁欲主义。

(二)近现代的德福分离思想

到近现代，道德与幸福问题开始走向分解，即康德所谓的道德与幸福两难问题，道德问题不可能是幸福问题，幸福也不是道德问题，从而导致两者的分裂。因为在康德看来，从绝对主体自我意识出发，得到的主观性的"我"的意识，现实中表现为我的利益和我的感受。从我出发，个体的幸福就尤为关注，他人就不在意识中，道德问题就难以关注。反之，当个体把注意力集中于"他者"之时，他者就变成个体的界限，以他者为中心旋转，自我就退隐为小我，他者变为大我，个体的德性就凸显出来。康德明确指出："德性的准则与自身幸福的准则在它们的至上实践原则方面是完全不同性质的，而且尽管它们都属于一个至善以便使至善成为可能，但它们是远非一致的，在同一

① 《论语译注》，杨柏峻译注，中华书局，2012年，第114页。

个主体中极力相互限制、相互拆台。"①一方面,幸福是出于偏好和欲望,另一方面,道德是出于一种无条件和绝对的实践准则,这样,道德与幸福一起构成了二律背反。作为感性的人关注个体的感受与爱好,作为理性的个体,关注普遍的道德法则,即希望自己的行为符合自己的绝对的立法,也希望自己的立法变成普遍的立法原则。康德也指出,道德与幸福不是绝对不能结合,它们的结合是可能的,只有在"先天的""至善"中进行综合,康德认为这种综合源于先天综合法则, 他说:"仅仅建立在先天的知识根据之上。"②康德认为,幸福的实现要以合乎道德为前提,也就是说,道德对幸福有制约作用,而且,道德相对于幸福有明显的主导性。康德强调:道德并不是如何使我们获得幸福的学说而是如何使我们配享幸福的学说。③康德也关注了幸福对道德的作用,因为不幸和痛苦,经常构成了对义务的背离,生活中的不幸往往成为走向不道德的诱因。康德没有看到,离开幸福,会导致道德的抽象化,而离开道德,幸福就会走向片面化道德趋向。

（三）后现代面向他者的德福统一观点

法国学者列维纳斯一反西方哲学主流即西方主体性哲学本体论趋势,提出绝对的"他者",把他者当成伦理道德的中心。

西方哲学的主线是主体形而上学的趋向,柏拉图是这条线索的开创者。柏拉图主张现象与理念的对立统一, 现象是理念的模仿, 理念是事物的本质,现象归为理念;到中世纪,基督教哲学抛出了一个至高无上的上帝,其他一切现象都是上帝的创造物, 奥古斯丁就打造了两个世界, 一个是上帝之城,一个是尘世之都,尘世之都受制于上帝之城。近代笛卡尔的"我思故我在"宣告了自我意识哲学的开始,一切围绕主体展开,主体为中心,他者为边

---

① ［德］伊曼努尔·康德:《实践理性批判》,邓晓芒译,人民出版社,2003 年,第 154 页。
② 同上,第 155 页。
③ 同上,第 108 页。

缘,他者围绕主体自我旋转。笛卡尔确立了主体的地位和权威;黑格尔为德
国古典哲学的集大成者,彰显了主体的至高无上性,"实体即主体,主体即实
体",世界就是绝对观念的主体运动的结果。到了海德格尔,虽然他对传统形
而上学有反叛的意味,但是在《存在与时间》一书中,海德格尔还是确立了特
殊存在者即"此在"作为反思存在的前提,实际上就是提倡世界一切都在此
在的照应下"出场",真理先要有真人,真人也要求有真理,一切真理都是在
此在面前的敞开,真理就是存在的"无蔽",海德格尔的真理观是本体论意义
上的真理观,忽视了认识论意义上的真理之道。无论如何,海德格尔还是无
法完全摆脱西方主体"我"至上的哲学路线。

　　列维纳斯的他者学说是对主体形而上学的背离。他提倡他者的绝对存
在,他者是主体我必须尊重和敬畏的绝对者,因此是伦理学的义务对象。列
维纳斯认为,自我与他者不是一个并列的集体关系,而是一种既相异又相邻
的关系,或者说就是一种"无关系的关系"。列维纳斯认为,他者对同者的质
疑恰恰是伦理学的起点,也是伦理学的阿基米德点。他者与我的关系是无关
系的关系,他说:"这样的关系没有什么包容,却有无限对有限的溢出,是它
确立了伦理学的情节。"①

　　列维纳斯主张,我是通过他人而存在,通过与他人的相遇而成为可能,
通过与他者的相遇,放弃了主体性对他者的占有和强制。实际上,列维纳斯
强调,我是负责任的我,他是我负责任的人,我的意义在于他者的意义。列维
纳斯把伦理学和道德为题的起点放在以他者为起点上。田海平很好地诠释
了列维纳斯的他者伦理学意味:"在爱之中,在为他者的责任之中,在自由之
中,即是幸福之人,也是道德之人。"②

---

① [法]艾玛纽埃尔·列维纳斯:《上帝·死亡和时间》,余中先译,生活·读书·新知三联书店,
1997 年,第 246 页。
② 田海平:《如何看待道德与幸福的一致性》,《道德与文明》,2014 年第 3 期。

## 二、道德与幸福不一致的根本缘由

　　看来,关于道德与幸福关系的看法存在不一致的方面,从古至今,道德与幸福的关系,在道德思想家那里,观点迥异。但是细查之下,我们不难发现,德福关系还是可以归结为两个方面:德福一致论和德福不一致论。持德福不一致观点的代表为德国古典思想家康德,其坚信德福不一致,因为幸福来源于感性经验,具有不确定性,因此没有普遍必然性;而道德根源于普遍理性的立法,是人为自己立法,而且这种立法也是他人希望的共同法则,所以道德具有普遍性。两者产生了二元悖论,道德无法归结于幸福,幸福也与道德无干。表现在现实生活中,人们不难发现德福不一致的不少现状:"好人没有好报""农夫与蛇"的关系,当前出现的"帮扶人反被讹"的事例也是有关德福不一致的现实证据。持德福一致理论的学者代表是古希腊学者亚里士多德和后现代学者列维纳斯,他们认为德福一致。亚里士多德认为幸福是心灵合乎德性的活动,德性不是天赋的,而是长期生活习得而来,而且幸福不是短暂的追求,幸福需要长期追求,需要终其一生去习得,真正的幸福需要节制,中庸的幸福才是最恰当的幸福。后者列维纳斯的"他者"构建了道德与幸福的基点,他者是异质的存在,人们的所谓自我德性前提来源于他者,来源于对他者的责任。幸福构建于自我对他者绝对的伦理责任。总之,德福一致理论,不论是亚里士多德还是列维纳斯,都坚持德福相连,有德就有福,有福就有德,尽管他们论述的路径不一,一个坚持德福的相连并列,一个坚持德福的一致依赖于绝对的他者。正如赵汀阳先生所指出的:"一个幸福的人几乎不可能是缺德的人,幸福意味着他活得愉快,而生活总是与人共有的生活,因此他必定对人不坏;而反过来的道理看,一个缺德的人几乎不可能是幸福的人。"[①]当然,德福一致论是指一般情况,问题是,为什么社会上还是出

————————

[①]　赵汀阳:《论可能生活》,中国人民大学出版社,2010年,第141页。

现了德福不一致的情况呢?这里就需要回到现实具体情况来探讨了。

（一）体制设计的缺陷

对正义社会的渴望,可以说自从有了阶级社会就开始了。柏拉图的《理想国》就是一部关于正义的著作,其中,柏拉图认为正义社会就是对等的社会,即不同阶级阶层对应了不同的职责和任务,不能越界,否则这就是不正义。柏拉图把社会划分为三大阶层,管理阶层对应的素质是智慧;保卫者对应的素质是勇敢;而生产者对应的就是欲望。尽管柏拉图的正义论有限定阶层流动的意图,但人们也能看到,柏拉图反映了一个非常重要的事实,即对等的公正制度,否则一个国家或城邦就得出现混乱。因为,有智慧的人管理国家,勇敢的人保卫社会,而满足自我感性欲望的人适合生产,这些是天经地义的对应,本身就体现了公正。近代社会契约论者认为正义国家是契约下的国家。而功利主义者认为,正义的社会是满足最大多数人的最大利益。美国学者罗尔斯坚信:正义是社会制度的首要价值。①罗尔斯构建了正义的两个原则:自由原则和差异化原则。自由原则是首要的原则,而差异化原则主要考虑到政策不能损害国家中最不利者的利益,无论社会怎么改革,首先需要保证弱势群体不受损失,最好是让他们得利。

当今中国存在不少德福不一致的情况,由于处于转型时期,市场经济追求的是利益最大化,而社会缺乏相应的制约机制,社会评价标准也单一化,经济利益成为衡量成功的单一标准, 进而社会逐步虚化了文化道德领域的作用。这样就出现了不少投机取巧、钻法律空子、不讲诚信者得到利益和好处,而遵纪守法者,按规矩办事的却可能受到经济损失。前些年市场上出现的"毒奶粉""地沟油""假药"等事件,不能不引起社会反思。从根本上讲,是市场契约体制的不完善,导致经济人的利益追求而忽视"道德人"的责任,从

---

① ［美］约翰·罗尔斯:《正义论》,何怀宏、何包钢、廖申白译,中国社会科学出版社,1997 年,第 5 页。

而使道德人被边缘化。如果一个社会人在道德践行中得不到奖赏,反而可能使自己的利益受损,成为一个他人不愿学习的榜样,最终将导致社会对道德英雄敬而远之,甚至退避三舍。

不正义体制的存在是德福不一致的根源。如果一个社会的体制没有体现出"善恶有报"的德福一致,社会的有序性将会被瓦解。当一个行业出现制假卖假而挣个盆满钵满,而遵纪守法、合法经营者却得不到应当的利益;当一个不讲诚信、德性缺失之人过得逍遥,而一个遵纪守法、讲究信用的人反而生活困苦;当一个人路边行善扶老人却遭讹的时候……我们认为这个社会已经出现了严重的逆淘汰机制,这种机制让德者不得,让失德者有得。这种机制会让社会良好风气日渐衰退,也会让人产生不德好于德的境遇。长此以往,社会的有序性就会遭到破坏,道德的环境日益退化,人与人之间会变成完全的利益关系,社会将导致有序秩序的崩溃,这不能不让人们产生深思。

(二)价值承诺的式微

德福一致是任何一种文明的基本承诺,无论历史上的各种道德体系还是宗教信仰,以及政治制度,都承诺了有德就有得的价值承诺。但是由于现代性之后,理性精神张扬,宗教至上性退位,理性精神本身代替了上帝,人类自己成为上帝。经济理性号召经济人的利益至上性,伦理学的德性人面对经济人的入侵,自己也退位从而成为经济大潮的边缘人。随着经济人的彰显,社会的秩序依赖微弱的宗教敬畏和政治法律的强制力维系。人们内心的德福一致失去了基本的伦理规范作用,导致社会出现了硬邦邦的法律维系社会关系。伦理体系的边缘化,人性的欲望扩张,单一利益评价成功与否的机制,导致内心的失衡,价值承诺的式微,人的伦理规范作用的整体塌陷。当人们不太相信"德福一致""善恶必报"的时候,"于是,不仅伦理学和道德哲学'乌托邦化',而且伦理和道德都逐渐失去了自己的魅力"[1]。按照哈贝马斯的

---

① 黄瑞英:《道德世界的幸福何以可能》,《南京师大学报》(社会科学版),2012年第5期。

商谈伦理学,当社会伦理价值式微,价值承诺失效的时候,社会的秩序就难以很好维系,因为单一的政治或者法律的作用会使得社会缺少润滑剂,没有社会道德的润滑剂,社会调控只有依赖沉重的法庭和微弱的宗教力量。哈贝马斯的商谈伦理学实际需要一个良好的公共领域作为基础,这个基础就是人们面对面商谈,无障碍地沟通、对话。所以公共领域具有文化意味,其核心就是伦理道德。

当代中国,改革开放的启动,现代化的加速推进,现代性的理性张扬,使人的欲望全面开启。人口随着利益的迁移,进而导致陌生人社会的产生。由于陌生人社会的诞生,人们内心对传统的"仁、义、礼、智、信"等伦理观念逐渐淡化。面对陌生人的局面,不是每一个人都能做到"慎独"的道德坚持,人们选择了"搭便车"式的忽视道德,不少人甚至在光天化日之下做出以往熟人社会根本不可能出现的缺德事情。而在熟人社会,固化的人口和熟悉的面孔,加上传统的乡里文化和伦理影响,人们还是能够保持德性的生活,大家也就相安无事,甚至在很多乡村,人情味很浓。

熟人社会向陌生人社会的转变,面孔生疏了,人情淡了,传统伦理难以维系,新的伦理价值没有产生或还在形成之中,因此出现了道德约束的真空状态。不像西方在近代化过程中,虽然存在与中国相似的情况,但毕竟他们还有一个普遍信仰的上帝,这个上帝在快速现代化的西方虽然受到冲击,还是起到了维系社会秩序的基本作用。反观中国,在快速现代化过程中,加上缺乏一个普遍的至高无上的人格神的存在,新的信仰没有完全构建起来,导致社会的失序。这一切当然不能责怪改革开放的正确性,恰恰是现代化开启后的相关配套制度和观念伦理的跟进滞后。反映在伦理价值上,德福不一致的价值承诺已经式微,人们也对之产生了动摇。

(三)"活在当下"的生活方式使然

随着现代性的推进,生活节奏变得加快,文化消费也变得快餐化。奠基于现代科技之上的文化越来越符号化和图像化，法兰克福学派最早敏感地发现了这种文化的负面性。霍克海默与阿多尔诺称之为"文化工业"，法国学者德波把这种文化称作"景观"社会，而布尔迪厄认为这是符号文化，哈贝马斯认为这种大众传媒加剧了公共领域的结构转型。在西方早期学者看来，大众文化是资本主义为了经济利益而制造的文化工业，对这种文化，消费者只是被动消费，为了满足资本家的经济利益的被动消费。西方学者批判了大众文化对人们的欺骗性，人们误把大众文化当成大众的文化，实际是满足资本增值需要的工业；他们批判大众文化对人们的控制，这种文化已经成为资本主义意识形态的帮凶，它让人们舒舒服服地听命于资本主义制度；他们还批判大众文化对人们创造性的扼杀，因为这种工业文化是复制的产物，它扼杀了人们的创造性和自由，面对这种文化，人们不需要想象，不需要思考，只需要消受；他们还批判这种文化导致的虚假需求，特别是资本主义社会快餐文化的花样翻新，让人们眼花缭乱，经常深陷广告的承诺，使得"爱别人所爱，恨别人所恨"，人们在广告的指引下消费了很多超过自己真实需要的消费，这就是"虚假需求"。

随着中国现代化的推进，文化也发生了转变，从过去的精英文化到今天的流行文化，从过去的主流文化到今天的大众文化，从平面媒体到今天的立体媒体，从过去的纸质文化到今天的电子读物，可以说文化社会出现了翻天覆地的变化。虽然不像西方学者批判的那样可怕，但大众文化在中国产生的负面影响已经客观存在。从阅读纸质书籍到阅读电子读物，从无厘头调侃到网络八卦，从20世纪90年代的电视控到今天的手机控，从努力奋斗的心态到今天不少人喊出的"过把瘾就死""活在当下"，这些不能不引起文化界的思考和关注。

海德格尔认为，存在是人的存在，存在重视在时间中的存在。离开了时间性对存在的追问，其实就是传统的抽象形而上学。传统形而上学抛开时间追问存在者，而往往丢掉了活生生的人的存在。人在时间中存在和生存，所以人的幸福也具有时间性。当人们只热衷当下的所谓幸福后,就会把现实当成合理的,合理的当然会成为现实。面对变幻莫测的图像文化,面对快速转换的时光,不少人不敢去思考未来,所以紧紧抓住当下,实际上,当他们喊出"活在当下"的时候,其实是一种无奈的表现,因为抓不住现在,也不敢思考未来,所以更加专注现实。但是现实就能抓住吗?肯定很难,现实的声、光、电、像往往让人应接不暇,而恰恰需要人们看清现实,把握本质,从而做到心不动。

时间有过去、现在和将来的存在,而人总是要指向未来。作为未来的向度恰恰是人之为人的向度。面向未来就是面向可能性,赵汀阳说:"放弃一种可能生活就等于放弃一种幸福,因此一个人对他的贫乏生活在主观上很满意,他仍然由于生活的欠缺而缺少某些本来可以有的幸福。"[1]对于海德格尔,未来向度是人更本质的存在,人有无限多的可能性,幸福也有未来的向度。杨国荣认为:"未来给人以希望,希望则意味着幸福。"[2]

## 三、道德与幸福一致的实践方向

### (一)公正制度体系的构建或完善

公正社会的核心即正义社会。正义社会即"对等"社会或者"一视同仁"社会。在正义社会,人们所付出与其所得是相一致的,不会有人超越于他人的利益之上;在正义社会,同样条件下,制度设计是一视同仁的,它平等对待每一个个体,制度设计经得起检验,每个人的权利与义务对等,即"得所当得,失所当失"。制度设计不是为了某个群体服务,而忽视其他群体利益,除了某个群体是绝大多数人的阶级敌人。简单一点表达就是在所有人面前"一

---

① 赵汀阳:《论可能生活》,中国人民大学出版社,2010 年,第 142 页。

② 杨国荣:《伦理学与存在——道德哲学研究》,北京大学出版社,2011 年,第 284 页。

碗水端平",这样的制度设计才会有客观性,经得起实践的检验;这样的制度设计也才有持久性,经得起时间的检验;这种制度设计还有实质性,维护了每个个体的利益,经得起人心向背的考验。一个正义社会应该是一个道德与幸福相一致的社会。抛开幸福谈道德,就会使道德抽象化;同样,抛开道德谈幸福,这样的幸福最终会消失得无影无踪。无论是柏拉图的"理想城邦"需要的公正,还是近代霍布斯与洛克的契约论公正;无论是近代的契约论公正还是现代罗尔斯的修正过的契约论公正,都以正义社会构建作为其核心内涵的追求。社会主义的和谐有序需要健康道德建设,也需要相应正义制度的建构,否则,和谐社会就是沙滩上的楼阁,顷刻坍塌。传统中国社会过于强调伦理政治,使法治政治边缘化,结果使社会逐步走向分化,人性趋于分散。反之,强调法治社会兼具德治的国家或社会,反而社会井然有序,活而不乱,富有创造力。胡适曾经表达过这样的意思,一个肮脏的社会,如果人人讲规则,而不是谈道德,最终会变成一个有人情味的正常社会,道德也会自然回归。一个干净的社会,如果人人不讲规则却大谈道德,那么这个社会最终会堕落成一个伪君子遍地的肮脏社会。因为只讲道德不讲规则容易导致人们虚伪。所以,好制度让人变好,坏制度让人变坏。楼天宇说得好:"公正制度规范保障着人类社会共同体处于最低限度的德福一致。"[1]

当前我国正义制度体系已经基本建立起来,目前需要进一步完善,改革开放以来所取得的成就已经体现了公正制度的力量。当下,我们需要进一步建立和完善相关制度,以进一步促进道德与幸福的一致。可喜的是,党的十八大以来,中国共产党深入开展全面从严治党的党建工作,取得了初步成效:群众路线观念深入党心,党的作风全面好转,权力关进制度的笼子里已见成效,服务型政府理念已深入人心。政治层面的制度设计已经为德福一致的社会建构打下了坚实的政治制度基础。经济层面不断出台以市场作为资

---

[1] 楼天宇:《从相悖到一致——德福关系的哲学思考》,《浙江社会科学》,2015年第8期。

源调节的决定力量政策,大量废除政府审批政策,放开市场管制,所有这些将有利于活跃和繁荣市场,也有利于市场主体公平公正的竞争。对利益固化的现实进行了大规模的调控,有利于社会结构的层级升降,也促进了阶层流动,使百姓有了向上流动的期待。近年来的扫黑除恶行动,为公平竞争社会的塑造提供了强大的支撑。国企改革释放了积极信号,有利于非公有制经济参与到公有制经济中来,为国家经济打开了活力之门。

民生是最大的政治。目前,我国民生事业取得了重大成果,党的十六大以来,农业税的废除,九年义务教育的免费,社会保障体系的全覆盖以及农村合作医疗的实行,这些极大地推进了社会主义公正事业。特别是党的十八大和十九大以来,在民生方面出台了许多重大举措:把教育强国当成中华民族复兴的基础工程,把提高就业率和就业质量当成最大民生,把建立多层次的社保体系当成社保目标,坚决打赢脱贫攻坚战,把人民健康当成国家富强的标志。所有这些制度性的建构将有利于打造德福一致的社会。

(二)马克思主义德福一致价值观的建构

人不能没有理想,也不能没有超越性。人虽然离不开物质,但也离不开价值观。就像人必须吃饭,但活着不是为了吃饭。人生该有价值观的皈依,需要终极价值观的依托,否则人生有味,但可能无精神气。德福一致的社会建构,少不了一个社会的整体价值观的塑造。一些西方国家拥有长期历史流传下来的"自由、平等、博爱"的政治意识形态,同时背负着基督教文明的意识观念,从而确立了西方文明的基本构架,也基本保证了西方文明历史传承。不管这种文明所分野出来的德福一致还是不一致,都可以从其意识形态寻找根源。

从奴隶社会开端到1840年鸦片战争,中国历史几乎处于静止状态,之所以这样说,是因为几千年的古代社会变迁很慢,传统儒家文明与传统自给自足的农业文明奠基了中国古代文明的基石。1840年后,中国历史变迁迅速,特别是 1978 年后,中国历史进入了迅速变迁时代。在一个涉及几亿农村人口流动的社会,市场经济逐渐形成,陌生人社会也逐步诞生。在改革开放时代,在一个陌生人共同存在的空间中,如何维持社会秩序,让社会井然有序、相安无事,是一个非常大的工程。这不仅是一个政治公正问题,也是一个共同价值观建构问题。德福一致社会的形成不仅需要社会正义,也需要共同的价值观的依托。当代中国毕竟已经进入了社会主义,这就需要用社会主义的核心价值观来维系社会的存在。这种价值观就是中国共产党的意识形态,同时也是中国人的主流意识形态和核心价值体系的核心,即马克思主义。

　　马克思、恩格斯在理论上合乎逻辑地推演出了"每一个人自由全面发展"的未来社会,当然也是人类的最高社会形态和终极的价值观。未来是"自由人的联合体",自由是人的终极目标,也是人的最高价值目标。德福是否一致,不是取决于行为合乎某个固定的伦理规范,而是是否符合人对自由的追求。从必然王国到自由王国是人类社会追求的终极目标,自由王国满足人们对于德性的追求和幸福的盼望的统一。当然,对于德福一致的价值追求,需要人们把握对自然规律、社会规律和精神规律的认识。恩格斯说:"自由不在于幻想中摆脱自然规律而独立,而在于认识这些规律,从而有计划地使自然规律为一定的目的服务。"①当然,从必然王国到达自由王国需要长期的历史过程,特别是对于社会主义初级阶段的中国,需要长期积累,不能寄希望"跑步进入共产主义",习近平指出:"我们正处于并将长期处于社会主义初级阶段,我们不能做超越阶段的事情……而是要根据现有条件把能做的事尽量做起来,积小胜为大胜。"②

　　围绕马克思主义自由王国的终极目标,需要我们正确处理各种关系,特别是在当下,物质利益的追求与终极价值的诉求,工具理性的张扬与价值理

---

　　①　《马克思恩格斯文集》(第九卷),人民出版社,2009 年,第 120 页。

　　②　习近平:《在省部级主要领导干部学习贯彻党的十八届五中全会精神专题研讨班上的讲话》,人民出版社,2016 年,第 26 页。

性的诉求，物质欲望的渴求与道德情操的向往……需要人们去思考、去探究、去平衡。当前者的诉求超越后者的时候，社会将会出现终极价值式微的趋势，从而导致德福不一致的让人深思的局面。在社会主义国家，建立马克思主义自由王国的价值观就是题中之义，符合中国的国情，也吻合马克思主义价值论的普遍性。

### （三）可能生活与实践维度

人与动物最大的区别是意识，动物只有情感，没有意识。动物没有信仰，而只有人类才有信仰，包括价值诉求。人的存在是去存在，即英语的 to be，而事物的存在是名词 being，名词表示已经生成，没有未来，也不思考未来，不把存在当成对象来思索。动词结构 to be 表达了一种趋势，一种没有完成的趋势。所以，人有无限多的可能性，由于人的存在，其他物才能敞开、无蔽，真理才可能出现。本真的人才能敞开真理，真理才能敞开本真的人。人是有历史的，而动物没有。因此在时间中敞开的人，具有过去、现在和将来的不同存在，过去和现在已经经历，未来还没有到来。人是可能性的存在，也是未来的存在。

因此，人有可能生活的样态。关键愿不愿意去发掘、追求和践行这种可能性生活。人生就是"存在"的辩证法过程，正是这个存在的辩证法，幸福在过去、现在展现，同时将在未来中展开。未来不是空洞的，未来与过去相连，也与当下相接。所以要实现未来，需要过去的积淀，也需要今天的努力。马克思认为，人是对象性的存在。人把客观物确立为对象，然后采取手段实现对象，当对象按照主体目的实现后，说明人的本质力量的确证。人是通过对象化的世界来确证自己的存在的。只有希望的未来，才是幸福的存在；没有未来的存在，是黑暗的世界。

可能生活意味着可能的幸福，可能的幸福立足现实也指向未来。现代社会提供给人廉价的幸福：随手可得的商品，满眼尽是图像文化，不需要思考的电子读物,加上"活在当下"的即时价值观,人们以为这就是幸福。合理的就是存在的,问题是存在的就是合理的吗?当人们把快乐、欲望和利益当成幸福的时候,幸福就是廉价的。为什么呢?因为真正的幸福不是用结果来衡量,而是需要行动来定义。

幸福不是去等待未来,而是在现实中创造。马克思主义也告诉我们,人生的意义在于创造而不是坐享其成,所以幸福需要以自由心灵为前提。正如赵汀阳所说:"为了使生活一直是有意义的,就必须投身于幸福行动。"[①]

---

① 赵汀阳:《论可能生活》,中国人民大学出版社,2011年,第148页。

# 第二章
## 政治哲学视角下的理性、平等与自由

### 第一节 启蒙理性的背反与重构：
### 由一系列公共卫生事件引发的一点思考

2003 年非典型肺炎后，2019 年底又出现了影响全球、危害巨大的公共卫生疫情：新型冠状病毒肺炎。在这两个事件之间，世界上还出现了五次公共卫生事件：2009 年的禽流感事件、2014 年的脊髓灰质炎事件、2014 年的西非埃博拉病毒、2015 年智利的寨卡病毒和 2018 年的刚果埃博拉疫情。

面对这些公共卫生事件，各界都有不同的反应。医学界关注防疫和治疗，特别是病理学研究；政府重视公共卫生疫情的应急事件的快速响应；社区关注的是配合政府进行隔离防疫；社会学界往往会采取网上问卷的形式对公共卫生事件进行调查；经济学界关注其对国家和世界经济的负面影响；笔者以为，从哲学上梳理一下问题产生的缘由并提出一些思考和建议已经变得尤为重要。

## 一、启蒙理性的产生

可以肯定,这些医疗卫生公共事件的发生都与人类的行为有关,或者说由于人类自身不正确地运用了理性,结果导致人与自然的关系遭到了破坏,生态系统受到了影响,从而使人类自身遭到了自然界的报复。

(一)古典理性思维的形成

"人是逻各斯的动物",换句话说,人是理性的动物,人之为人就是有理性。那么,何为理性?简单说就是在正常思维情况下为了获得预期的目标而冷静面对问题,细心思考并严密提出策略的能力。所以理性包含了严密的逻辑能力和较强的行动能力。古典理性思维来源于古希腊时期,在古希腊早期的自然哲学,哲人面对神秘的世界,就想寻找出万物的运行规律。巴门尼德提出万物是永恒不动的"存在";赫拉克利特认为世界背后是由"逻各斯"决定的。无论是不变的存在,还是永恒的逻各斯,都是希图在千变万化的"多"中寻找不变的"一",这种探求世界规律的趋向就是开辟一条"理性"之路。苏格拉底是自然哲学向人本哲学转变的关键哲人。与其他思想家关注自然界不同,苏格拉底把哲学的重点转向到人自身。"我知我无知"是苏格拉底的思想起点,因此从他开始探寻人的思维能力和界限,哲学就是"爱智慧",既然是爱智慧,意味着练习哲学不是说你就得到了智慧,而是说一个人要不断去追求智慧,追求智慧就是思想者的生活本身,这种探求智慧的过程也是一种练习理性的过程。苏格拉底告诉人们,不要随意相信你身边的各种思想和观点,人们要有质疑的精神,"不能过没有经过思考的生活"。苏格拉底的学生柏拉图特别关注事物背后的本质,在他的思想中,把世界划分为两个部分:表象和理念。柏拉图认为,表象虽然丰富,千差万别,但是它们本身不是事物自身,理念才是事物本身。各种事物都有理念,理念是本质,表象是骗人的,不是事物的本质。所以，探讨事物的本质就是从千变万化的"多"中寻找出理念这个"一"。可以说，柏拉图不仅传承了苏格拉底的思维，也沿袭了自然哲学的一贯作风，即寻求不变的本质。到了亚里士多德时期，他认为事物由两个部分构成：资料因和形式因。前者为事物提供了物质因素，后者为事物提供了动力因素。或者说，前者是事物的实体，后者是事物的精神。实际上，亚里士多德是哲学史上第一个把赫拉克利特的"逻各斯"和阿那克萨戈拉的"努斯"精神汇集一起的哲学家，也是希腊哲学的集大成者。亚里士多德开创了理性工具——形式逻辑，借助逻辑学，人类的理性精神已基本确立起来。

(二)启蒙理性思潮的内涵

中世纪经院哲学片面发展了柏拉图的哲学，抬高了理念的作用，甚至把理念发展为至高无上的上帝。上帝是至高无上的、全知全能的存在，其他现象只是由上帝产生的存在者，存在者受命于至高的存在，万物是至高存在的表现。苍生是卑微的，苍生的幸福在于彼岸世界，而不在此岸。因此，人的一生就是好好修炼，此岸的痛苦无关紧要，关键是未来要进入彼岸的极乐世界。把进入天国作为今世的目标，这就是基督教哲学的理念。

近代理性启蒙的开创者应该属于笛卡尔。因为笛卡尔最先彰显了相对于客体的主体性，从而把古代主客不分的哲学推进到近代认识论哲学。"我思故我在"不仅为知识论奠定了确定性基础，也彰显了人之为人的"主体性"。多迈尔先生说："对主体的强调，反映出人们试图发现一种毋庸置疑的出发点，从而达到更可靠'客观'知识的一种努力。"①到古典哲学时期，康德抬高了主体理性的先验性，他认为，主体不仅是一个表象的对象，更是一个逻辑结构，具有先验形式。主体不仅是知识的起点，而且具有先验统觉知识的能力，这种统觉是范畴的先天性具有的。康德说："我思"不再仅仅是被表象的

---

① ［美］弗莱德·R.多迈尔：《主体性的黄昏》，万俊人译，上海人民出版社，1992年，第2页。

东西,而是表象之外的形式结构,因此人格自我由一种对象物而转变成了纯粹主体,我思这个统觉形式是与每个经验相关联并先于它的统觉形式。①到了黑格尔,把主体性提高到至高的地步。黑格尔认为,"主体即实体,实体即主体",主体吞并了客体,客体服务于主体。在黑格尔的思想中,作为最高主体的绝对观念,是知识的前提,也是历史的前提,历史就是绝对观念的辩证运动,就是绝对观念的派生物。具体的个人恰恰变成了历史的工具,历史被一个强大的必然性即"大写的主体"推动。黑格尔说:"理性是世界的灵魂,寓于世界之中,是世界内在的东西,是世界最固有、最深邃的本性,是世界普遍的东西。"②黑格尔完成了近代主体哲学的终结,主体的地位也完全确立了。

在 18 世纪法国,卢梭、伏尔泰、孟德斯鸠等启蒙思想家提倡反对封建迷信,反对腐朽的天主教,反对王权、神权和特权,要求改变旧制度,建立新的体制,宣传"自由、平等、博爱"等资产阶级思想口号。所以说,启蒙运动是一种新的价值体系的构建和推行的过程,为推翻封建制度和建立资本主义制度及其价值秩序提供了重要的基础。邓晓芒认为:"启蒙运动是新时代的思想或价值体系的创造及形成发展的过程。"③从字面来理解,"启蒙"就是开启心智,"启"就是启发,就是照亮(delight),照亮需要阳光,阳光代表了"理性之光"。在中国,第一年进入小学学习就是"启蒙教育"。"蒙"是未开化的状态,是愚昧,是不懂事。让人从未开化的状态走出来就是"启蒙"。康德认为,当一个人总是依赖于他人,依赖于习惯、风俗和权威而不愿或者不敢运用自己的理性就是处于不成熟的状态,这种人需要进行理性的启蒙,他说启蒙"就是人类脱离自己所加之于自己不成熟的状态。不成熟状态就是不经别人的引导,就对运用自己的理智无能为力……要有勇气运用你自己的理智!这就是

---

① [德]伊曼努尔·康德:《纯粹理性批判》,邓晓芒译,人民出版社,2004 年,第 314 页。

② [德]黑格尔:《逻辑学》,梁志学译,人民出版社,2002 年,第 69 页。

③ 邓晓芒:《批判与启蒙》,崇文书局,2019 年,第 153 页。

启蒙运动的口号"①。

　　从上述对启蒙理性的梳理可以发现，启蒙理性的出现和高扬最初是以人类的解放和自由为目的。现实情况是，人类依赖技术理性和工具理性不断增强自己的对付自然和管理社会的力量，人类的活动范围越来越大，生存能力越来越强，凭借技术理性，人类上天入地好像无所不能。然而根据马克思主义辩证法，理性的逻各斯走向了自反性。

## 二、启蒙理性的背反

　　由于封建势力和宗教长期的联合统治，人们处于蒙昧状态，缺乏自我，缺乏独立的人格，也缺乏独立的思考。受制于自然与社会的恐惧和压抑，封建迷信猖獗，个性压抑，理性难以抬头。启蒙的初衷就是把人从神话和迷信中解放出来，但是历史证明，启蒙一方面解放了人，另一方面又控制了人，人处于一个物化和异化的世界。因为，当理性高扬的时候，工具理性和技术理性张狂了，而价值理性式微了。

### （一）价值理性的式微

　　德国思想家马克斯·韦伯区分了技术理性和价值理性。技术理性就是为了实现某个目的，利用某些手段和工具以达到这个目的。因此，技术理性更关注手段、方法和工具，一般不关注这种行为本身，也就是不太关注意义层面。价值理性则不同，它不仅关注手段和方法，更关注行为本身的意义、价值。价值理性往往从道德、宗教、人性、美学层面来探讨行为的意义和价值，价值理性往往考虑行为本身的意义，同时通过目的调整人们行为的价值，甚至考虑行为的终极价值，这样就为行为确立了方向，指出了终极意义。韦伯

---

① ［德］伊曼努尔·康德：《历史理性批判文集》，何兆武译，商务印书馆，1990 年，第 22 页。

说,价值理性"即通过有意识地对一个特定举止的——伦理的、美学的、宗教的或作其他任何阐释的——无条件的固有价值的纯粹信仰，而不管是否取得成就"①。

随着现代性的推进,理性经济人及其市场经济的产生,官僚政治理性科层制度的推进,技术和工具理性的张狂,经济全球化正胜利前行,正如马克思所指出的"资本主义使一切生产和消费都变成世界性的了"。以资本主义为媒介的经济全球化曾在历史上起过非常革命的作用,"在它已经取得了统治的地方把一切封建的、宗法的和田园诗般的关系都破坏了"②,但是理性的片面化推进导致工具理性和技术理性的张扬,价值理性式微,现代性产生如马克斯·韦伯所说的价值理性的危机。启蒙带来了一定的解放,却同时也带来了世界的巨大不幸。法兰克福学派的霍克海默和阿多尔诺认为这就是"启蒙的辩证法",理性走向了反面——技术理性的张狂、价值理性的失落。

首先,启蒙本来是用知识代替神话,消除蒙昧,但是启蒙理性走向了反面,自己也走向了神话。启蒙精神受制于工具理性,对现实失去了批判和创造,留下的只有肯定和认同。神话时代,蒙昧控制了人;启蒙时代,工具理性的扩张,工具理性又变成了神话,因为人们迷信科技主义,认为科技万能,技术理性就变成了神话,让人们顶礼膜拜。

其次,启蒙理性的目的是对自然的控制,然而现实是人们对自然和社会的征服并没有让人们成为自然的主人,反而使人们在不断满足绝对欲望的同时致使生态环境的破坏,人类也已经遭受到自然的报复。

再次,在一个人与自然相互异化的世界里,人与人之间和人与社会相互异化了。启蒙理性有一个思维就是主客体思维,这种思维把自然界当作被操控的物来处置,而把人当成无所不能的主体。这种二分思维抬高了主体的价值,忽视了客体的价值,结果将出现一种奇怪的现象:当人们这样对待自然

① [德]马克斯·韦伯:《经济与社会》(上),林荣远译,商务印书馆,1997年,第56页。

② 《马克思恩格斯选集》(第一卷),人民出版社,2012年,第402~403页。

环境的时候,往往也会这样去对待他人和社会,导致一系列的异化现象。霍克海默与阿多尔诺指出:"人们相互之间以及人们于自然界是在彻底地异化,他们只知道,他们是从哪里来的,以及他们要做什么。每个人都是一个材料,某种实践的主体或客体,人们可以用来做什么事,或者不能用来做什么事。"①

最后,启蒙理性并没有兑现解放人的作用,使人实现普遍的自由,反之,变成了对人的统治和控制力量。现代性使得科学技术变成了取代宗教信仰的另一种信仰。科技主义,科技万能的观念不断抬头,理性的片面发展导致价值理性的式微和边缘化。在今天,技术的合理性好像就是统治的合理性,正如哈贝马斯提出的"科学技术的意识形态化",变成了统治阶级统治人们的协同力量。

### (二)环境客体的放逐

启蒙就是为了人的解放和自由,但是启蒙无法兑现诺言。启蒙高扬主体,却放逐了客体。自然客体是启蒙精神要求揭示、驾驭和控制的对象。培根的"知识就是力量"表明了知识理性对于自然和社会的权力,这句话也可以表达为"知识就是权力"。因为知识理性意味着人类控制自然和驾驭社会的逻辑体系,这种知识逻辑体系是人类在与自然打交道和不断博弈中获得的,它能够让人类走出自然,变成所谓"真正的人",知识理性也是人与物区别的标志之一。海德格尔用"座驾"一词来体现现代科技对于自然客体的粉碎和对商品的追求。法国的后结构主义思想家福柯通过他的"知识考古学"揭示了各类知识的来历,表明了知识就是权力的本质。霍克海默与阿多尔诺认为工业文明的发展意味着人类对自然环境的宣战。启蒙精神带有集权主义的色彩,人们由于知识理性使他们拥有了掌控自然的法宝,成为自然客体的主

---

① ［德］霍克海默、阿多尔诺:《启蒙辩证法》,洪佩郁、蔺月峰译,重庆出版社,1990年,第241页。

体。知识论哲学强调了主体的特权，客体是被主体支配甚至宰割的对象。"形式逻辑成了统一科学的主要学派，它为启蒙思想家提供了算计世界的公式。"①从近代开始的主体哲学思维抬高了主体知性的至高性，把客体只当成是主体任意处理的物，必然导致客体的神性的消失，也导致关于客体的文学和美学之美的退化，人们只能根据工具理性的有无用来衡量客体，而不是把客体当成地球平等的存在者，更不会考虑对客体的征服和滥用必然导致对主体自身的自反性——伤害到自身。当人们越加控制自然，反过来就越加感觉到被自然所控制，这就是一种辩证法的背反逻辑，从而人与自然就长期处于一种恶性循环之中。

发生在中国湖北的新型冠状病毒肺炎疫情在短短一个多月时间已经给中国带来巨大的危害，当我们高呼口号"众志成城，抗击病毒""武汉必胜，中国必胜""打赢疫情防控的人民战争"……这些口号之余，是否可以思考一下中国改革开放40多年来快速发展所带来和被忽视的严重生态问题！

（三）"人"的空场

启蒙理性的张扬开启了资本主义时代的到来，随着资本主义市场经济的推进，经济全球化时代的降临，人类几乎卷进了资本这个庞大的漩涡。世界好像一切都是资本媒介的结果。资本主义时代以来，从商品拜物教到货币拜物教，再到资本拜物教，人类好像就是商品、货币和资本的奴隶。所谓近代主体形而上学高扬的主体实际是一个空洞的符号而已，因为当人被看成商品在谈论价值和使用价值的时候，当人当成一种物被算计的时候，当货币当成衡量人的成功与否的标准的时候，我们作为人的价值又在哪里？资本主义生产方式虽然相对于封建时代是一个伟大的进步，但是马克思主义的批判有其绝对的真理性。因为资本主义社会有其劣根性，这种社会不仅带来了人

---

① [德]霍克海默、阿多尔诺：《启蒙辩证法》，洪佩郁、蔺月峰译，重庆出版社，1990年，第1~2页。

的劳动异化,而且也导致人与人关系的异化,甚至导致晚期资本主义的全面异化。在资本主义社会中,人们受到资本逻辑的控制,人与自然关系紧张,人与人也处于紧张的关系之中。卢卡奇把资本主义拜物教的现实概括为"物化",资本主义社会不仅工人处于物化现实中,资本家本身也处于物化之中。卢卡奇说:"物性化就是生活在资本主义社会中一切人的必然的、直接的现实。"①

由于物化,主体也已经客体化了,人不是真正意义上自由、独立的存在。工人的劳动不是快乐的劳动,他们只是为了生存而出卖自己的劳动力。工人只是机械系统设备中的一个螺丝钉而已,他们越来越没有意志,没有主动性,只需要消极地应付劳动的流程。工人的劳动被资本家看作是物的一部分,资本家只是关注劳动力和生产资料结合所带来的利润,而不关注工人的情感、意志和自由。

由于物化,人已经变成了"原子",人与人之间关系冷漠、疏远甚至相互隔离,这就是人际关系的异化和原子化,面对资本逻辑的威力,每个人都各负其责,完成自己的分工,而根本不需要考虑人的关系。在这种情况下,人与人的关系好像就是莱布尼茨所说的"单子"关系,单子之间互相独立,没有联系,各自为政。所以,人与人的关系被物的关系所吞没。

物化使人变成了统计学意义上的数字。人与物一样,只是需要在生产和利润计算中的数字。由于劳动者被资本整合到劳动这个大的机器中,人也是其中的物质而已,因为资本就是数字,劳动力是重要的资本,劳动力也是生产和消费中的数字。人的物化和数字化,使得人的主体能动性也逐渐减弱,留下的只是冰冷的数字符号。科学的实证化导致人的价值边缘化,人文社科的批判和反思精神往往也被淡化。体现"逻各斯"的工具理性不断强化,而展现"努斯"的价值理性逐渐暗淡。

由于人的数字化,人作为自由意志和自由全面发展的存在的目的也就

---

① [匈牙利]格奥尔格·卢卡奇:《历史和阶级意识》,王伟光、张峰译,华夏出版社,1989年,第213页。

走向了反面。真正意义上的人不见了,看到的只是一个个原子般和数字化的冷冰冰的个体,这些是马克思主义理论中的异化人,是卢卡奇笔下的物化人,是海德格尔笔下的"非本真"的人,也是马尔库塞眼里的"单向度"的人。

## 三、理性的拯救之道

工具理性的张扬致使价值理性的式微。价值理性是关于人生意义问题的探讨和追寻,工具理性是关于手段问题的思考和探索。显然,前面这个问题更加宏观和普遍,它牵涉了人生的核心问题。因为简单点说,生存手段很重要,但是人生终极问题更重要。特别是资本主义生产方式进入现当代,探讨价值理性问题变得非常关键。因为工具理性与科学技术的联合已经达到了人类从未有的状态。

### (一)价值理性的张扬

工具理性的张狂导致资本主义社会全面异化。工具理性对人的控制,对自然的掠夺,以及资本主义人与人关系的全面异化,价值理性不断式微和退却。马克思在 19 世纪早期就敏锐地发现了这个问题,他认为造成资本主义异化问题的根源是资本主义的生产方式。马克思的思想基本上都是围绕消灭资本主义生产方式这个中心来展开的,他立足未来美好社会即共产主义社会来展开他的逻辑终点,而商品的研究是马克思的逻辑起点。共产主义社会在马克思思想中不仅是一个将来实现的现实社会,更是一个悬置在未来的价值观念。这种价值观不是现实的存在,而是未来的价值理性,是道德层面的存在,作为价值理想,它将召唤着人们为之去奋斗;法兰克福学派早期代表霍克海默、阿多尔诺、马尔库塞等人更加重视在道义价值上去批判资本主义的生产方式,不过他们更多依赖文化和心理上的批判,其根据还是黑格尔式的意识哲学,所以容易沦为空洞和苍白的呼吁和呐喊。他们几乎否定了推动资本主义发展的理性精神；哈贝马斯对早期法兰克福学派的批判进行了理论规范，其批判理论重视经验层面，而且更加关注理性的重建。为了重建理性，哈贝马斯提出了"交往合理性"，通过语用学理论建构起人与人之间平等的、正确的、真实的、真诚的交往环境，因而在这个基础上达成共识。哈贝马斯在理性范围内重构理性，避免工具理性的霸权和价值理性的流失。哈贝马斯指出："达到理解的目标是导向某种认同。认同归于相互理解、共享知识、彼此信任、两相符合的主观际相互依存。"①由此可见，哈贝马斯的交往行为理论是对法兰克学派早期批判理论的推进，是对理性的重构。哈贝马斯并没有一般地批判启蒙理性，而是认为现代性就是理性化时期，现代性是未竟的事业，需要继续推进，而不需要抱有悲观色彩。

（二）主体间性的提倡

要构建一个未来美好的终极价值世界，无论是马克思语境中的每一个人自由而全面发展的社会，还是哈贝马斯意义上的平等交往行动的"共同体"，都需要摆脱主客体思维的独断。主客体思维是滥觞于近代以来的形而上学哲学思维方式，它的中心话语就是二元对立思维，这种思维方式抬高一方面，以此为中心，从而贬低或者打压另一方面。例如，抬高理念，贬低现象；抬高灵魂，贬低肉体；抬高在场者，忽视不在场者；抬高主体，压抑客体……在现实中，就出现了基督教哲学对现实的鄙视和对天国的推崇和膜拜；对思想之美的提倡和对肉体感觉的贬低；对精神的高扬而对物的贬低……结果是，出现了人与自然关系的异化和人与人关系的疏远化，而主体间性思维指的是主体—主体之间关系。按照哈贝马斯的理论，主体间性是指通过语言遵守普遍性规范而构建的平等、合理的主体与主体关系结构，也就是当主体把他者当成平等交往的主体而不是不平等的客体，那么主体间关系就容易产

---

① ［德］尤尔根·哈贝马斯：《交往与社会进化》，张傅树译，重庆出版社，1989年，第3页。

生。按照这种理解,生态学马克思主义提倡的环境客体也有其内在价值和权利的观点是错误的,因为这种提法实际上反过来贬低了人的存在。我们所提倡的主体间性是指人与人之间的关系,而不是把物都当成主体。当我们按照普遍的语用学和普遍的交往规范进行平等交往和行动,甚至把这种平等交往推广到国际上,形成商谈伦理的交往政治的时候,那么国际争端也将大大减少,国家之间也将拥有更多和平。

当主体间性的人的关系达成后,人与人之间将是平等的关系,平等的主体间性关系将促成人与环境关系的和谐,因为人与人的不平等往往导致人对物的占有的不平等,从而也将导致人与环境关系的疏远和异化。因为在资本主义社会,是一个普遍"物的依赖社会",一切以物为中介发生关系,人们以物来体现社会地位和价值。为了物产生了极其严重的争夺战,人们或者国家之间形成了以物为中介的对立关系。由于人际关系只是主客体关系,所以在人与自然的关系上,自然就是人这个主体的物质材料。人与人之间的不平等必将导致人对自然占有的不平等。

在资本主义生产方式下,对自然环境的破坏就是必然的。所以建构主体间性关系显得尤为重要。平等交往的主体间性关系只有在理想社会才会产生,按照马克思的未来平等自由社会的设想,未来共产主义社会是一个"每一个人的自由是一切人自由的条件"的社会。在哈贝马斯的交往理论中,主体间性交往共同体是一个平等的共同体。在国际上,表现为平等交往的"商谈对话政治"的构建。

(三)自由人的呼吁

在自由意志理论思想中,自由就是一种意志上的自由。康德提出"人是目的"的口号,人之所以不同,是因为意志的不同,不同意志就有不同人格,但不同人格是平等的。黑格尔哲学彰显了绝对精神这个意志的创造性自由,一切都是绝对观念运动的结果,但是黑格尔过于强调了普遍性,窒息了特殊个体人的发展。海德格尔推崇从个体的"此在"来研究人的存在。他认为人是被抛到社会中的，因此需要他自己去面对和经历，所以存在实际就是人的存在，是一个动词，即"去存在"。萨特认为，人的自由需要"虚无"化自在的存在，从而变成自为的存在。萨特说，人必须自由，而且是绝对的自由。为什么呢？因为在"上帝已死"的时代，一切需要人们自己去面对，你不得不去选择。自由就是选择的自由。

马克思主义主张的自由是对"必然的认识"，这里的必然不仅是自然的必然，而且包括社会的必然，甚至还涵盖了人的心灵的必然。作为自由，不外乎就是对自然奥秘的认识，对社会关系透明的认识以及对自我心理的把握。恩格斯说："自由不在于幻想中摆脱自然规律而独立，而在于认识这些规律，从而能够有计划地使自然规律为一定的目的服务……"①马克思主义认为，真正实现人的自由需要社会条件的支撑，当人类社会离开"物的依赖社会"进入"每个人自由而全面发展"的社会，自由才真正实现。马克思和恩格斯说："代替那存在着阶级和阶级对立的资产阶级旧社会的，将是这样一个联合体，在那里，每个人的自由发展是一切人的自由发展的条件。"②

## 四、结论与启示：中国快速发展背景下应该重视的几个问题

1978 年以来，中国共产党和中国政府实行了改革开放政策，在短短 40 多年的时间，中国经济取得了快速发展，人民生活水平也快速提高，中国仅仅用了 40 多年时间就走完了西方发达国家花费 200 多年的近现代化过程，所有的这些成就都是有目共睹的。其中原因是党和政府实行了激励每个个体欲望，展现自己能力，并追求致富的政策。问题是，当欲望激发出来以后，潘多拉魔盒也同时打开了。潘多拉魔盒打开以后，很多社会问题都涌现了出

① 《马克思恩格斯文集》(第九卷)，人民出版社，2009 年，第 120 页。
② 《马克思恩格斯文集》(第二卷)，人民出版社，2009 年，第 53 页。

来,虽然在改革发展中不是主流,但它们会影响中国社会的进一步发展,甚至会带来环境的灾难。今天来看40多年发展后的中国,我们不得不继续面对两大必须引起重视的问题:一个是公正问题,一个是生态问题。

美国学者罗尔斯认为:正义是社会制度的首要价值。[①]社会正义需要制度的保证,正义制度的构建是正义社会的最重要环节。正义制度的构建需要坚持两个基本原则,一方面是权利和义务的对等、公平地分配;另一方面是对处于不利地位的弱势群体给予更好的关照。罗尔斯把前者当成自由原则,把后者当成差异化原则。邓小平在1992年就提出了社会主义的本质是发展生产力和共同富裕,没有局限于生产力角度谈论社会主义;在不同场合,邓小平提到社会主义必须坚持的两大原则——公有制和共同富裕,因为在改革开放的90年代,社会两极分化初见端倪。邓小平指出:"一个公有制占主体,一个共同富裕,这是我们所必须坚持的社会主义的根本原则。"[②]

但是可以肯定的是发展中国家的现代化需要追赶发达国家,发达国家的现代化是内生的现代化,发展中国家的现代化是后发的,特别是中国的现代化过程,是典型的被动式、追赶式现代化,这种现代化有后发和外生性特征。正因为如此,后发性国家的现代化容易把发展速度放在第一位,因为与发达国家相比,慢发展等于是没有发展。追赶性现代化国家由于重视"快速"发展,所以在快的过程中忽略了很多问题,特别是在快速前进的过程中不知道还有人掉队了,有人没有来得及上车。这就出现了贫富分化相当严重的问题。1978年改革开放初期中国的基尼系数只有0.18左右,而到了2018年,据官方统计基尼系数是0.45左右。

不平等是不正义的表现,由于正义制度设计的滞后,问题不断累积和加剧,反映在人与自然关系上,就是人对自然的征服和掠夺也加剧了。人与人

---

① [美]约翰·罗尔斯:《正义论》,何怀宏、何包钢、廖申白译,中国社会科学出版社,1997年,第5页。

② 《邓小平文选》(第三卷),人民出版社,1993年,第111页。

的不平等反映在人与自然关系上的不平等。因为人们之间的物质财富的争夺战,必然要以牺牲地球生态为代价。国外马克思主义者莱斯认为,在资本主义社会,人们为了控制自然以获得更多财富必然加速推进新技术的革新和发展,技术控制又带来新的对人的技术控制。"由于企图征服自然,人与自然环境以及人与人之间为满足他们的需要而进行的斗争趋向于从局部向全球范围转变。"①受资本控制逻辑的影响,资本帝国主义掠夺成性,为了超额利润,不断拓展全球市场,用经济理性算计一切,甚至把自然当成物质资源进行计算。中国的现代化过程是全球化过程的一部分,受资本控制逻辑的规律,必然也要受到影响。

近年来,中国出现了一系列生态环境问题:土地沙漠化,水资源污染,雾霾现象严重,森林遭到破坏,资源浪费,野生动物被虐杀,等等。这些问题产生的根本原因与资本掠夺逻辑有关,也与资本主义生产方式有关。当下中国正在搞社会主义市场经济,中国特色的社会主义市场经济是市场经济的一部分,必然有市场经济的共性,也有其劣根性。如何防范这种劣根性对于社会秩序和生态环境的肆虐,需要发挥社会主义的制度优势,这种优势不是先验的,需要现实正义制度的设计,也需要正义制度的践行。习近平提出了"创新、协调、绿色、开放、共享"的发展理念,这些新发展理念恰恰体现了中国特色社会主义的发展方向。特别是"绿色"和"共享"展现了解决发展中不公平和环境问题的重要理论思维和价值取向。"坚持以人民为中心"的发展理念,坚持以人为本,"让广大人民群众共享改革发展成果,是社会主义的本质要求,是社会主义制度优越性的集中体现"②。让老百姓分享到改革开放带来的成果,让他们有获得感、安全感和幸福感,这是破除生态环境带来问题的基本路径。

---

① [加]威廉·莱斯:《自然的控制》,岳长龄、李建华译,重庆出版社,2007年,第140页。

② 《习近平谈治国理政》(第二卷),外文出版社,2017年,第200页。

## 第二节 平等的追求与不平等的代价

一般而言,平等是天经地义的。小孩玩游戏需要一个好的游戏规则,家庭氛围需要夫妻平等合作才能维持,单位工作安排和收入划分需要有正当的标准,社会相处默认"礼尚往来"的基本礼仪,国家贯彻尊重每个合法公民的尊严和权利,国家之间体现平等相待,需要对话解决争端以免暴力相见,这是问题的一个方面;另一个方面展现出来的是校园霸凌事件的时有发生,家庭暴力案件的不断曝光,收入分配没有完全体现出多劳多得现象,有些国家还存在封建式独裁权力对民众的极端统治,国际上还是大国、富国主宰的天下,等等,这些不平等的现实是客观的,也是可见、可闻的。近年来,为了促进教育的平等,教育行政主管部门出台了一系列的措施,例如,教育资源配置的均衡化、就近入学制度、摇号入学制度、九年义务教育免费制度、高校助学贷款制度、高校助学金制度、高考农村专项制度,等等。2021 年 7 月,国家出台了《关于进一步减轻义务教育阶段学生作业负担和校外培训负担的意见》。教育体制不断变革的一个重要原因是教育不公平的存在,"双减"政策的提出原因在于学生作业负担过重、校外培训任务过重。这些负担也是家长和家庭的负担,当然,背后还隐含了教育的不公平。重点学校的划分、择校的不公平、城乡教育的差距、教育资源配置不均衡,以及中、高考录取的不公平政策,这些都会影响到社会和家庭的行为选择。所谓各行业"内卷"的出现,不公平就是一个重要原因。

不平等引起社会反响,反过来促进改革;改革之后又发现新的问题及其不平等,又开始了新的制度、体制的变革……社会好像就这样在循环中变迁。人们总难以达到完全公正的体制和社会,历史也好像在循环往复。记得托克维尔记载了一个故事,故事说在 1848 年法国巴黎爆发了六月起义,当晚有一个贵族家庭正在进行家宴,不过人心有点涣散。男佣人说:"这个星期天,吃童子鸡鸡翅的将会是我们",而女佣却说:"穿美丽的丝绸连衣裙的将是我们了。"这段话体现了下层对于这次六月起义的结局充满了期待,而最后的结果是骚乱平息,次日这两个佣人被解雇。托克维尔认为这个男佣是"野心勃勃的",而女佣则是"虚荣心旺盛"。但问题是,是什么导致有人吃着童子鸡鸡翅,有人穿着丝绸连衣裙,而大多数人却不能这样?这难道与制度和体制无关? 虽然不认同绝对平等的存在, 但不能否认社会的不平等的现象。托克维尔带有精英主义色彩把两个佣人描绘为"贪婪"和"嫉妒",实际上我们认为,两个佣人是对社会平等的期待,对平等的期待历来都是社会变迁的历史动力。周濂认为:"平等的梦想从来都是发动革命的原动力。"①对平等的渴望向来就是社会变革的动力。渴望平等社会本身不是错误,错误的是寄希望于绝对的平等。

# 一、何种意义上的平等

## (一)什么是平等

什么是"平等"?这是一个仁者见仁,智者见智的问题,也是一个容易导致混乱的概念。就像奥古斯丁所说,"你不问我还清楚,一问倒糊涂了"。给概念下定义本来就难,何况给"平等"下定义。但是任何概念总有相对稳定的含义,一般认为,平等从字面理解就是"平均的""公正的""水平的""不偏不倚的"。近代早期,平等与阶级关系相连,但是到了 19 世纪,随着启蒙运动的发展,启蒙运动提出了"生而平等""法律面前人人平等"等内涵,平等就获得了现代形态。

---

① 周濂:《正义的可能》,中国文史出版社,2015 年,第 127 页。

现代意义上的平等大致可以分为三种内涵：自由主义意义上的平等、平等主义意义上的平等和保守主义意义上的平等。

自由主义平等的根基是个人主义，个人主义提倡价值的根源在于个人，国家的目的在于保护个人的利益，个人如果觉得国家没有兑现保护个人利益的诺言和契约，个人可以推翻政府。自由主义的平等观认为平等是自由的派生价值，没有个人的自由，平等就难以维持，因为缺乏自由，平等就会被权势人物剥夺。只有自由基础上的平等才能保证所谓每个人的天赋人权，否则，平等只是少数权势人物对下层人的同情和给予，那么最终就会失去平等的价值和制度。"平等缺乏自由的保障，那么平等可能仅仅是基于权势者的恩赐，可能掉进今天赐予明天被剥夺的窘境。"①

平等主义平等观认为平等有自足的自身价值，不是自由的派生，而是价值的中心。平等是首要的价值，只有平等的价值确立，才有获取其他价值的可能。平等制度是获取其他资源的前提，也是获取其他价值可能的基础。只有在平等条件下，才不至于出现达尔文主义的"优胜劣汰"自然法则。平等主义认为人民是国家的主人，在国家中，实现了人人平等的政治状态，这是绝对平等的权利。平等主义批判自由主义的平等观念，他们认为自由主义的根基即个人主义会导致"原子"化的个人，没有人关心集体，关心国家，只知道国家的义务，不知道国家本身也有其意志，有其自己的主观能动性，国家需要谋划发展，需要谋划更加有效和和谐的管理方法和政策。"平等权并不是自由权以外的一种'额外'的权利，而是权利的一种保障形式。"②

保守主义平等观厌恶平等观念，他们认为，社会总是精英谋划和领导的社会。他们强调上层社会精英能够维护传统，呵护文化，保证社会拥有健康的价值理念，从而维持了整个社会的价值观、责任和道德意识。下层群体总

---

① 任剑涛：《政治哲学讲演录》，广西师范大学出版社，2008 年，第 272 页。

② 张千帆：《宪法学导论》，法律出版社，2003 年，第 498 页。

是顾及自身利益,忽视社会利益。下层群体忙于自身和家庭的利益,难以抽身到政治层面上以关注社会公正、自由和平等事务。保守主义平等观受到柏拉图思想的影响。柏拉图的《理想国》论证了贵族、武士和农商者三个阶层的职责、任务,同时论证了构成三者优劣的不同材料:金、银、铜、铁。金银是贵族的材料,铜是勇士的材料,而铁是构成生产者的材料。柏拉图揭示了一个"各安其分,各司其职"的社会分层制度,他反对所谓"庸人"的平等制度。其实,在古代中国,孟子的"劳心者治人,劳力者治于人"不也展现了否定平等制度的政治理念吗?平等制度中的"少数服从多数"理念往往使得精英的一票等于大众的一票,一个没有能力、没有关于政治学知识忙于生计的个体凭什么与一个关心国家大事也有能力和时间去从事政治事务的人在决定政治事务上获得平等呢?"数量胜过质量的情况下做出的决策,往往是低劣的决策,它无法保证社会政治的良性建构。"①

## (二)什么意义上的平等

在生活中,经常有人断言"这不平等"。小孩玩游戏时生气了说"这不平等",父母分配家务劳动任务时,有孩子说"不平等",单位分发奖金福利,有职工说"不平等",打官司遇到了莫名的败诉,当事人说"不平等",高校招生出现比例划分差异,有人说"不平等",民族关系出现不同政策规定,也有人说"不平等",至于国际事务上的斗争,还是会出现"这不平等"的声音……但是"这不平等"的断言到底代表着什么意思,是什么意义上的不平等?

实际上,关于"平等"的内涵是非常丰富的,差异也很大。一般而言,可以把平等划分为内涵上的、时空向度上和实质上、形式上的几个方面。

---

① 任剑涛:《政治哲学讲演录》,广西师范大学出版社,2008 年,第 276 页。

1.从内涵上划分,有政治平等、经济平等和文化平等

政治上的平等一般是指马克思主义提倡的"人民主权"意义上的平等,即在一个共同体制度下,每个人的权益都平等得到国家法律制度的保护。到目前为止,所有现代意义上的国家都是以"人民的名义"进行政治统治的国家,社会主义是,资本主义也是这样宣告的。不像古代政治,权力建立在"神权"和"暴力恐吓"基础上,现代国家政治建立在人民的"同意"基础之上,虽然古代政治也标榜平等,但是差别很大,可以形象地说,现代的平等是"什么都是",古代的平等是"什么都不是"。之所以什么都是,是因为现代每一个人都在法律制度的保护之下,法律制度不是用来维护"权贵"利益的工具,它们是所有人民的武器。之所以什么都不是,是指只有极少数人才"是",而绝大多数人没有政治权利,只有为上层服务的义务。

经济上的平等主要是与政治上的平等相互联系的,没有政治上的平等,很难有经济上的平等。经济上的平等是指在一个共同体内,每个人都可以在共同体内获得生活资料,不会被欺凌、掠夺,有生存的权利。一个拥有工作能力并且身体健康的人只要努力工作就可以在共同体获取生活资料,不会挨饿受冻,这就是最基本的经济平等。经济平等往往体现在分配上的平等。分配平等非常难以操作,是一个让思想者和当局困惑的问题。马克思主义提倡在社会主义阶段实行"多劳多得、少劳少得、不劳者不得食"的原则。政治学者德沃金认为,要把公民的命运与公民自身的选择结合起来,不能够忽视人们的经济地位与他们自身的生活选择关系,而盲目批评外在环境和政策的影响和不公平。至于政治学家罗尔斯,他非常重视分配平等,他认为任何职务和地位都要向所有人平等开放。罗尔斯提出正义的两个原则,第一个原则是"自由原则"。即所有人享受平等的广泛自由,这是一个人获取平等资格的前提条件。在自由的平等条件下,每个人积极努力去选择自己的生活方式,选择自己的努力方向。第二个原则是"差异化原则",其内涵是在平等竞争条件下,政府运用相关体制确保竞争中的最不利者。就是说,在平等竞争的条

件下，有人会处于下风，最后处于不利的地位，导致生活困难或者成为社会弱势群体，那么执政者有义务为他们提供基本的生活条件。一句话，差异化原则就是给予不利者最大的好处，以平衡与处于有利者的经济地位。当然，面对罗尔斯的分配平等原则，德沃金认为没有考虑个体的自我选择，而美国著名学者洛齐克则认为这样会有"最大政府"的危险，因为传统自由主义提倡"小政府、大社会"的自由主义基本方向。

至于文化上的平等最主要是指受教育权利、传统得到尊重的权利、习俗得到传承的权利和法律规定的言论、自由、集会、结社和出版权利等。在现代西方资本主义社会，提倡国家在宗教、道德和意识形态上的中立性，以保证各种意识形态的所谓平等。当下，在欠发达国家，文化教育权利已经体现出越来越重要的位置。因为，对于欠发达国家来讲，教育公平是一个重大现实问题。教育不平等往往导致其他不平等的延续，这就是政治社会学所理解的"阶层的传承"和"阶层固化"。

2.从时空向度上划分，有起点平等、过程平等和结果平等

起点平等就是人作为一个公民身份的时候所有人是平等的，这个方面非常难以达到，因为从自然方面讲，每个人的出生身体素质就存在差异，加上出生的社会背景和家庭背景，这种差异就大了，难以达到起点平等。目前世界各国追求的起点平等主要是教育和职位竞争的平等，例如中国实行九年义务教育免学费制度，政府实行职位竞争，所有公职岗位都实行"逢进必考"的制度。当然这两个方面的平等难以涵盖起点平等的丰富价值。

过程平等是指人在追求人生幸福和生活价值目标上政府提供了整个过程的平等条件。这主要指竞争过程的制度、体制、机制的建立和完善。相对起点平等，过程平等还不容易带来含混的内容，但是也不容易操作，很难说可以做到绝对的过程平等。

结果平等是指社会产品的最终形式的分配平等，这是人们最关注也是争论最大的平等形式。近现代革命目标无不以实现平等作为革命的目标，而

革命的目标最终还是难以达到真正的平等或者说难以达到人们期待的结果平等。当前提平等和过程平等都很难保证的时候想实现最后的结果平等是难于上青天的,但是革命无不以实现平等作为最重要的目标。法国学者托克维尔的《旧制度与大革命》就是以研究法国大革命为目标的著作,他发现,法国大革命的最后结果是并没有实现所谓的平等,甚至有些情况更糟,但是平等仍然是推动社会运动的有力口号,也是激励人们参与能动的政治理念。"历史演变的终结,无论平等怎样毫无组织、缺乏内容,平等总是灵魂的法则,各种法律的法律。"①

空间上的平等,主要指每个公民获得生存发展空间方面的平等、一国之内的公民平等和国际范围内国家、公民平等问题。

3.实质上、形式上的平等主要把平等划分为形式上的平等和实质上的平等

形式平等是指共同体规定每个公民拥有各种相等的权利,人们在政治和法律面前人人平等。当然,形式上的平等不一定能带来实际上的平等。现实中很多人由于自然素质、家庭原因和本人选择等差异性导致了并没有达到与他人一样的成就和利益,这就是说,虽然法律制度规定了人人平等,但是现实并不能获得实质平等。因此,实质平等就是实际中的平等,而不只是理论或者制度上规定的平等。因为实质平等需要很多条件,有些条件不是人为能够控制的,特别是要达到结果这种实质平等是非常困难的。

## 二、平等与不平等的张力

在历史上,思想家对于平等的探讨很早就出现了。无论古今中外,对于平等问题,都有很多思想家进行了自己的探索,也得出很多富有启示性的结论,构成了关于平等思潮的张力。

---

① ［法］皮埃尔·勒普:《论平等》,王充道译,商务印书馆,1991年,第5页。

（一）人人平等才是合理的

古今中外，民众总是欲求平等社会的出现，不少思想家也满足了民众的内心渴求，构建了一套又一套关于平等的思想和话语体系。通过平等话语体系追寻平等国家和社会的到来向来成为社会历史变革的动力，无论是革命还是改革，平等目标的追求是最强大的动力。

1.上帝面前人人平等

第一个从宗教哲学角度讨论和维护平等的是斯多葛学派。这个学派把上帝作为人人平等的源头和根基，而不是把平等奠基在人性和理性之上。他们认为，每个人与上帝是等距的，上帝并不特别眷顾某一人，每一个人都是兄弟，是与上帝等距离的亲人。上帝对所有人都是一样的宽厚仁慈，不管人们在世俗中有多少荣耀与卓越，面对上帝，所有自然与社会的区别，包括身份地位、财富、健康、权力和性别等都是无关的。

受斯多葛学派思想的影响，约翰·洛克认为，人们从上帝那里得到的智慧是平等的。托马斯·杰弗逊断言"人生而平等"，人的创造者赋予每个个体不可剥夺的权利，人们从上帝那里得到什么是神圣的理念。

2.理性面前人人平等

不是每个思想家都赞成平等的根源源自上帝，大部分思想家把平等的根源奠基于理性至上。霍布斯就是西方第一个依赖理性推理人类平等的思想家。人是理性的动物，从这点来看，人是平等的。由于理性，人们可以想方设法让大家很好地相处在一起，从而不会导致社会失序和制度瓦解。霍布斯的"社会契约论"就是理性构建的产物。人们为了生存下去需要合作，合作的前提是理性。不管上帝是否存在，人们都可以以自己的理性明晰性和逻辑推理能力分辨正义和不正义，也可以平等地参与社会和政治事务，分享温馨、安全的生活。奠基于理性的平等性，法国启蒙思想家都猛烈攻击了基督教神学的虚假宣传和欺骗，提出了自己的平等思想观念。卢梭认为："每个人都生而自由平等。"①孟德斯鸠坚信:"爱民主政治就是爱平等。每个人既然都应该有同样的幸福和同样的利益,那么他就应该享有同样的欢乐,抱有同样的希望。"②

中国古人很早就把平等问题结合到现实社会问题中来分析探讨,从内在超越即从人的伦理纲常和内心良知方面去探讨平等问题。"仁"与"礼"是先秦儒家的智慧核心,平等理念也内涵其中。关于礼乐、名实、刑罚,《论语》有记载:"名不正,则言不顺;言不顺,则事不成;事不成,则礼乐不兴;礼乐不兴,则刑罚不中;刑罚不中,则民无所措手足。"③这表明了《论语》就展现了先秦儒家原始的平等含义了。这种名实、礼乐、刑罚之间的对应关系内涵了古代中国最早的平等理论,而荀子很早就论述了人的等级塑造的公平状态,他认为如果一个下层卑微之人也可以通过刻苦好学,努力习得礼仪和文化,阶层也可以向上流动,否则,士大夫也可能成为庶人。荀子有言:"虽王公士大夫之子孙,不能属于礼仪,则归之庶人。虽庶人之子孙也,积文学,正身行,能属于礼仪,则归之卿相士大夫。"④到了近现代以后,中国学人受到西学的影响,逐渐接受西方学者研究和探讨的平等话语体系。

3.共产主义社会的人人平等

马克思主义也是提倡理性人构成社会的,之所以把共产主义的平等抽出来单独阐述,是因为马克思主义关于共产主义思潮对理论和现实的重要影响。马克思主义认为,共产主义社会才是人人平等的社会。当然,马克思的人人平等的"人"是没有阶级、没有阶级斗争、没有剥削压迫、没有国家情况下的人,因此是没有了阶级敌人和阶层划分情况下的人人平等。马克思主义认为,人人平等的基本条件是消灭了私有制和旧式的社会分工。马克思认为:

---

① [法]让-雅克·卢梭:《社会契约论》,何兆武译,商务印书馆,2003年,第5页。
② [法]查理·路易·孟德斯鸠:《论法的精神》,张雁深译,商务印书馆,2004年,第114页。
③ 程树德:《论语集释》,中华书局,1990年,第892页。
④ 王先谦:《荀子集解》,中华书局,1988年,第148页。

"平等,作为共产主义的基础,是共产主义的政治的论据。"①私有制是劳动异化和其他一切异化的根源。在资本主义社会,人是抽象的、物化的、"物的依赖"条件下的抽象的人,资本主义倡导的所谓人权也是否定本质的人权,因此资本主义社会不可能实现人的平等。在《论犹太人问题》中,马克思说:"平等不过是德国人所说的自我=自我译成法国的形式即政治的形式。"②共产主义不是天上掉下来的,是以往历史文明发展的逻辑结果,是资本主义的先进生产力推动的合乎历史和逻辑的结果。如果抛弃了资本主义的生产力因素是无法实现共产主义的远大目标的。人类历史发展的根本动力是社会的基本矛盾运动,即生产力与生产关系,经济基础与上层建筑的矛盾运动,人类发展的最终决定力量是社会生产力的发展。在资本主义无法解决生产的社会化和生产资料私人占有之间的关系,资本主义的生产力发展没有先进的生产关系和经济基础去包容和推进时,必然会阻碍资本主义生产力的发展,也因此必然会推进人类社会向更加先进的生产方式和社会形态更替。马克思说:"现代的个人必须去消灭私有制,因为生产力和交往形式已经发展到这样的程度,以致它们在私有制的统治下竟成了破坏力量,同时还因为阶级对立达到了极点。"③

(二)不平等才是正义的

1.合乎比例的不平等才是正义的

政治哲学史上对于平等问题的探讨伴随着对于不平等的探讨。在某种意义上,在希腊,对于不平等的探寻甚至早于对平等的追问。柏拉图的《理想国》就已经展现了人生不平等及其理由。他认为,要使儿子与父亲、男人与女人、本国人与外来人、主人与奴隶同样的平等自由是不可能的。即使你宣布

---

① ② 《马克思恩格斯文集》(第一卷),人民出版社,2009 年,第 231 页。
③ 《马克思恩格斯全集》(第 3 卷),人民出版社,1960 年,第 516 页。

主人与奴隶是平等的,也无法让他们是有友谊的。人有三种特质:理性、勇敢和欲望,对应的三种人分别是贵族(国王)、勇士和商业者、体力劳作者。"合乎比例的不平等"才是正义的,否则就背离了正义法则。

亚里士多德与其老师柏拉图既有相同,也有区别,他反对上等人与下等人的平等,反对所有人享有平等的权利,但是不同的地方是,他提出了"比值平等"。所谓比值平等是指按照各人的真价值,分配与之相称比例的事物,这就不同于所谓"相同数量"的平等。亚里士多德坚信合乎比例的平等才是正义的城邦。"平等只限于自由人之间,不存在主人与奴隶之间。"①亚里士多德认为人与人之间存在自然秩序,决定一个人的地位是看他的理智程度与种类。他认为,理智顶端是哲学家与科学家,理智顶端的下面是天然公民,再往下是手工业者和其他劳动者,最下层是为他人服务的奴隶。看样子,亚里士多德反对基督教所谓的一切人都是平等的观点。"亚里士多德也许会认为,基督教有关人的观点是危险的谬论,在人的本质上与最伟大的科学家、思想家和政治领袖也是平等的。"②

中国古代思想家孟子也有关于合乎比例的不平等才是正义的思想理念,他表示出对于管理国家社稷活动的复杂性和一般体力劳动相对简单的区分。孟子曾有言,"然则治天下独可耕且为与?有大人之事,有小人之事。且一人之身,而百工之所为,如必自为而后用之,是率天下而路也。故曰或劳心,或劳力;劳心者治人,劳力者治于人"③。

柏拉图和亚里士多德都坚持理想的正义社会分配模式应该以每个人对构成城邦的贡献大小为依据。优秀的人为城邦的贡献大,其理应得到较大的一份,其他人只能根据其贡献大小得到较少的一份。这就是公正,也是城邦的"善"。

---

① 李继才:《合乎比例的不平等与比例相等》,《上海行政学院学报》,2009 年第 6 期。

② [美]格伦·廷德:《政治思考:一些永久性的问题》,世界图书出版社,2010 年,第 71~72 页。

③ 《中华经典藏书·孟子》,万丽华、蓝旭译注,中华书局,2016 年,第 111 页。

**2.精神领域是无法达到平等的**

近现代的欧洲也有反对平等的思想家，典型代表就是弗里德里希·尼采。尼采宣告"上帝死了"，上帝死了意味着人的站立，意味着每一个人要去抛弃自己的谦卑，每个人都得面对世俗性，世俗性的本质即"权力意志"，存在就是权力，权力就是对其他事物的控制力。人是高于其他事物的实体，人要去追求自己的意志，成就自己的权利意志。人们需要不断超越已经建立的世界秩序，超越自我，占据上帝过去占领的空间。人类的伟大就在于崇高之人远远高于庸人，伟大的人要远离庸人。人类存在的价值依赖少数人支撑，这些伟人或"超人"已经成为上帝。人的优越性体现在文化和精神层面，尼采高扬男人对女人的优越性，这是他让自己遭受谴责的原因之一。从整体上看，尼采哲学是对平等观念的否定。

**3.激进的平等会丧失自由**

英国最受欢迎的思想家之一约翰·斯图尔特·密尔认为，平等主义要求把专横的权力置于多数人手中，通过多数人的意见而不是少数精英思想来决定国家事务，将会带来限制自由的危害。法国大革命的结果似乎告诉后人，平等与自由难以相处，平等往往带来专制，最后使多数人产生控制具体个体的暴力，因为多数人领导的国家导致意见的"多数服从少数"，必然导致多数的"同质性"，这种同质性往往是被迫或者是缺少反思的意见的一致，最后出现了"集体无意识"和"群氓社会"。托克维尔接续密尔的思想，得出了与密尔几乎一致的观点。托克维尔接受渐进的平等，反对激进的平等观念，他认为民众的激进平等意图破坏了自由，而不是政府的干预。密尔与托克维尔是最早注意到大众平等带来问题的思想家，他们的思想给后世带来了很多启示。廷德得出结论说："道德丧失在社会一致的状态中。"①

---

① ［美］格伦·廷德：《政治思考：一些永久性的问题》，王宁坤译，世界图书出版社，2010年，第88页。

## 三、平等的激情与不平等的代价

(一)平等激情的潜在危害

平等概念和理念的流行会带来人们对于平等的激情理解，这种激情的理解会渲染人们对平等的热情，平等的热情促使人们期待一个令人满意的社会。从而带来人们对未来理想社会的向往，向往美好社会是人的天性，也是思想家的理念和职责。历史上的"自由、平等、博爱"社会的呼唤，就是在平等追求中最强烈和最普遍的口号。但实际上，历史现实证明，无论是自由、公正、法治还是平等都不可能完全达到。理论和现实也已经证明相对的平等社会是可能的也是值得期待的，但是绝大多数的群众不可能会把平等当作学理去研究和思考，理论和现实中的平等都要求具备非常多的条件，但是人们在生活工作中总会遇到各种不平等现象，甚至有些不平等按照"正义"标准来讲实际恰恰是平等的，例如"多劳多得，少劳少得""偷懒者不得"这些本来就是公正的，但恰恰又不符合多数人理解的不平等，因为大多数人还是把平等理解为"均等""平均"，所以面对现实不平等情况表现出分外的不满意。中国古代民间流传了千年之久的"均贫富"的理念导致的把平等简单当成财富平等起到了消极作用。最需要注意的是，现实中的人们不太关注起点和过程的平等，往往把现实的结果差异看得非常重要，甚至面对结果的不平等表现出愤怒和激情，有些甚至成为反社会和引起骚乱的心理基础，最后成为社会不安定的因素。

由于更加关注结果不平等，忽视了社会构建了基本的起点和过程的平等，导致只注重结果的分配上的平等。这样，人们会专注于财富的分配，而为懒惰寻找借口，忽视创造财富，想象坐享其成。人们应该从多角度来看待平等问题，平等与本人创造的多少有关，与制度本身的正义有关，还与个人在生命中的运气、先天禀赋有关系,运气和禀赋带有很强的偶然性。例如一个人出生的家庭与未来的发展有非常大的关系,而且如果从遗传学角度来看,基因与一个人的发展前景也有千丝万缕的关系。所以,不能简单地把平等归结为社会制度和体制问题,也不能简单地把不平等归结为物质财富上的结果不平等,如果加上不良媒体的渲染,强化人们内心的"受害者"心态,又恰好遇到现实困境的强化,"受害者"心态就会不断强化,导致对上层的"仇视"心态,甚至走向极端的"反"的心态。

以当代中国贫富差距为例。不可否认,过去的四十多年由于改革开放的不断推进,中国的经济社会发生了翻天覆地的变化,人民的生活水平大大提高,但是收入差距也越来越大,这就带来了所谓经济上的分配公平问题。不可否认,收入方面确实存在不平等,但是要搞清楚这种不平等的主要原因,不能用简单和狭隘的眼光去辨识。如果用激情和道德说教去强化政府导向,容易带来不安定的因素。实际上,造成贫富差距的主要原因有很多方面。第一,市场经济的推进,是导致贫富差距的重要原因。市场经济本来就是重效率的经济,它把人当成经济人,鼓励人们提升效率,发展经济,扩展财富,最后导致的不平等是必然的事情;有人会说市场并不必然导致贫富分化,以北欧福利国家为例,他们的贫富差距不大。实际上,这种观点只看到了政府调节的重要性,没有搞清楚北欧福利国家已经遇到了严重挑战,进一步来说,他们不能否认市场经济存在的问题。第二,制度文化建设滞后也是一个重要原因。这方面主要表现在第三世界国家,因为欠发达国家是后发外生性市场经济国家,他们主要是被全球化裹挟进入世界市场的,因此很多制度和体制落后于现实,加上传统制度文化的惯性影响,例如中国几千年的"官本位"和"人上人"思想,导致剥削意识非常严重。在改革快速推进和制度文化建设相对滞后的情况下,市场与旧观念就产生畸形结合,导致局部地方的"寻租"经济现象很严重。第三,区域或者自然性条件导致的不平等。中国是一个拥有960万平方公里领土的国家,是世界上人口最多的国家,国土经度纬度跨度大,导致经济社会发展的条件差异非常大。改革开放初期,中央决定把有限的资源投放在东部,推进东部的率先发展,不可否认中央的决策是正确的,也是有效率的,邓小平的"两个大局"思想的第一个就是要求东部先利用条件发展,西部照顾东部,以后东部照顾西部。所以,1978年改革开放后,中国各个领域的资源大量流入东部,特别是人才资源对于东部的注入,带来了沿海几十年的快速发展,东中西部的贫富差距就这样拉开了。第四,禀赋的差异。莱布尼茨说,世界上没有两片相同的树叶。实际上,世界上也没有两个完全相同的人。人的禀赋差异的存在,导致人的各方面的素质条件迥异,加上市场经济和相关政策推进的叠加,人与人的差异就大了,而且利用资源创造财富的本领差距更大。这个方面不需要我们过多地去论证,这是一个可以"直观"地把握的本质。

以当下教育公平为题也是一个敏感话题。从实质上讲,教育差距问题与经济差距直接相关,其实质就是一个经济平等问题。教育的平等问题也非常复杂,不可否认,目前各种教育改革措施非常细致,体现了教育主管机关对于教育问题的关心,但是实际操作起来非常难,效果也不明显,其根本问题还是对于问题的根源的把握。教育不平等问题不可能完全解决,目前只能兼顾,同时避免新的不平等,因为它的原因非常复杂,无论从城乡、区域差异考虑,还是从贫富差距考虑;无论从机制体制考虑,还是从教育资源的配给考虑;无论是从课程设置、升学制度,还是有限的优质教育资源和高考录取制度,还有家长和社会的等级观念等,都是值得关注的问题。如果仅仅从减轻学生负担入手,难以切中要害。众所周知,学生负担加重和教育不公平问题与以上提到的原因都有关联,而且还牵涉社会各行业的收入和社会保障差异化问题。

如果我们把不平等仅仅归结于制度层面,容易迎合遇到挫折的人们的心理需要,极容易导致他们对社会的不满,甚至出现行为上对社会的背弃。

（二）不平等的代价

我们说任何现实社会很难有绝对的平等，也不可能消除不平等现象，但这并不意味着我们的社会就没有不平等的问题。实际上，不平等是客观存在的，也是普遍存在的，如果忽视不平等问题以致不采取任何措施，会带来严重的社会问题，甚至会带来严重代价。

历史上几乎所有暴力革命无不由于在"平等"号召和对平等社会追求中展开的。特别是 18 世纪的启蒙思想，它催生了"自由、平等、博爱"的价值取向和政治口号，也催生了资产阶级革命的浩大行动和排山倒海式的磅礴之力。因此面对不平等现象，特别是制度或体制性的不平等现象，政府不能不做出反应，甚至必须做出实质性的改革来缓和社会矛盾从而达到社会和谐。

历史已经证明，人们能够容忍因为出身的低微、生活环境的不够良好以及自身身体和文化素质不好所导致的不利局面，但无法容忍因为制度安排所带来的底层生活方式。如果一个政府面临人民由于制度的原因所带来的不满和骚动，那么该政府必须采取措施改变这种现状。确保平等的制度化、规范化的游戏规则被称为"公平"，如果说平等是人们享有同等的人格、资源、权利和社会地位等，那么公平就是指程序和过程的概念，它是指按照相同原则分配各种权利并根据原则处理各种事情及其评价。"如果把平等的结果和公平的程序完美结合起来的理想目标或状态，便是人类追求的另一个基本价值，即社会的正义。"①平等与公平结合的社会才是完美状态的社会，我们把它称为"正义"社会，亚里士多德把它称为"至善"。罗尔斯认为正义是国家的首要价值。解决不平等现象或者避免新的不平等，需要一些现实的实践。

改革就是一种很好的方式，通过改革改变不平等的社会制度，防范或者减少其带来的社会问题。当然，改革也有"善"的改革和"恶"的改革，恶的改

---

① 俞可平：《权力与权威：政治哲学若干重要问题》，商务印书馆，2020 年，第 66 页。

革往往是面对社会不平等现象采取"应急性"措施,这种措施往往是欺骗性的改革措施,它不具有长期性和实质性。这种改革最终会导致更严重的社会问题——社会有机体的解体和暴力革命。法国大革命的爆发与当时法国封建贵族没有采取措施制止不平等社会继续延续有直接的关系;东欧剧变这种结局的产生与当时的执政党没有很好采取措施防止经济继续下滑,解决政治上的官僚特权现象所带来的社会不平等有直接关系。

长期以来,我们强调"效率优先,兼顾公平"。在实际生活中,很多部门更多考虑的是效率,忽视了公平,导致了生产效率的低下。最让人担忧的教育、医疗和住房的改革不能过于重视"市场化"运作,因为无论如何都不能把民生方面的资源全部推向市场,强调所谓"效率优先"从而忽视了政府的责任。这方面在不少国家已经带来了比较严重的社会问题,在某些领域容易出现牵一发而动全身的社会难题,例如,教育不公、住房难、看病贵等现象。不采取积极措施应对,容易导致社会出现被"撕裂"的危害,例如,关于国家"认同"和国家价值的"信仰"问题。其实,当代中国也面临这个问题,近年来中国共产党正在积极寻找措施应对,也已经取得很好的效果。

当代美国社会的国家凝聚力"撕裂"问题不仅与其民族政策有关,也与传统的社会问题即市场化的自由资本主义有千丝万缕的关系,美国是号称最自由的国度,其社会不平等程度在资本主义世界也是较大的,这是有目共睹的现实。"最严重的也许是:我们的认同感遭了侵蚀,包括公平竞争、机会平等、亲如一家的感觉。"[①]按照马克思主义理论,资本主义本身无法解决这些问题,因为资本主义社会的主要矛盾决定其无法解决这些矛盾,其命运只有由社会革命来解决,由社会主义取代资本主义来彻底解决。

---

① [美]约瑟夫·E.斯蒂格利茨:《不平等的代价》,张子源译,机械工业出版社,2015年,第104页。

## 四、结　论

不平等的内涵是丰富的,不平等的原因也是客观的。在现实中没有完全平等的社会,不平等已经是历史的现实。思想家总是会关注平等问题,他们是敏锐的群体,他们往往会构建一个绝对平等的"乌托邦",这是思想家的特质,也是他们的使命,但是现实总是不平等的,哪怕不是残酷的现实,也是实实在在的现实。对绝对平等的期待和建构会带来某种社会稳定问题;同样,不采取措施解决或者缓解不平等问题,也会带来严重的社会问题,甚至导致社会革命和国家面临被"撕裂"的危险。

平等社会需要一种建构性的理论和实践,而不是靠道德激情所能够达到的。如果把平等仅仅当作一种工具渲染社会的问题而不是积极的建构性理论和实践,容易煽动暂时不如意群体的激情,容易导致不能带来任何社会好处的道德说教。平等只有在法律条文中、在社会制度中和好的社会环境的机会中才可以出现,平等不是一种结构性的道德观念。

不能将平等当成道德激情说教,人是有限的理性存在,未来比现在更好,但毕竟是预知,我们无法完全控制。建构平等社会依赖对核心问题的洞察力,需要各种制度的配套,需要发挥人们的创造力,也需要限制因为禀赋带来的先天优势导致的过大差异。加拿大思想家德沃金说得好,资源分配还是根据"敏于志向,钝于禀赋"的规则较好。

## 第三节　自由主义的四大困境

"自由"是生存论意义上的表达,不能简单说自由是好坏,否则自由就只成了一种实体的价值。自由不单是价值概念,还是生存论概念。因为自由就是人的存在,是人之为人的所是。自由是人的奠基,是人的形而上的根,或者说是人的本体论,所谓自由的本体论即是指人的所是,否则人就是物了。"自由主义"是一种强大的社会思潮,尽管价值观有别,但是有其相通之处,例如,个体自由不是群体自由、多元主义、正当优于善、权利约束权力等。自由主义思潮起源于霍布斯、洛克、休谟等哲学家,经过卢梭、康德等不断沉淀下来,在密尔、贡斯当、伯林、托克维尔、罗尔斯等人的论证下基本成为现在所看到的样态。

霍布斯的自由论体现在其"契约论"中,"自然状态"是"一切人对一切人的战争",所以个体需要签订契约构成一个"主权者",个体把权利全部交给这个主权者,这个主权者权力至高无上,就是一个强大的"利维坦",即国家;洛克把自然状态描绘得很美好,是一个人人平等的社会,但是没有一个权威来管束每个人的权利,所以需要订立契约,建立有限政府。政府有职责保护公民的"生命、财产和自由",如果背离人民的利益,人民可以推翻政府。卢梭认为人们不能离开社会,合法权力需要人民的"同意",为了这种同意就需要"契约",签订了契约就是把权利转让给了集合体,这个集合体的力量来自人民的意志,这种意志的集合就是"公意"。人民意志符合国家意志就是符合"公意"。符合公意就是符合自己的意志,因为公意是所有人民意志的最大公约数。卢梭认为:"由于这一结合使每一个与全体联合的各人,又不过是在服从自己本人,并且仍然像以往一样自由。这就是社会契约所要解决的根本问题。"①

英国自由主义思想家密尔曾经在他的代表作《论自由》开篇中直接引用洪堡的话说:"本书所阐明的每一个论点,都直接指向一个首要的大原则:人类得到最丰富多样性的发展,具有绝对的最为根本的重要性。"②人类个体或者集体没有任何其他理由对个体进行干涉,除非唯一的目的即自我保护。人

---

① [法]让 – 雅克·卢梭:《社会契约论》,何兆武译,商务印书馆,2003 年,第 19 页。
② [英]约翰·斯图亚特·密尔:《论自由》,于庆生译,中国法制出版社,2009 年,第 1 页。

们负责任的部分只是与他人相干的行为，个人对自己而言是至高的统治者和管理者。密尔认为："每个人都是其自身健康——不论是身体的、心理的还是精神的——适当的监护人。"①贡斯当提出"古代人的自由与现代人的自由"。贡斯当认为，由于古代共和国局限于狭小的国土，人口与现代国家相比也较少，决定了其精神是好战，因此所有这些国家都存在奴隶。现代国家要复杂得多，现代国家崇尚商业贸易。贡斯当提出，古代"所有私人行动都受到严格的监视。……足珍弥贵的个人选择自己宗教信仰的自由，在古代人看来简直是犯罪与亵渎"②。英国学者以赛亚·伯林把自由分为"消极自由"与"积极自由"，前者是免于什么的自由（free from），后者为从事什么的自由（free to do）。实际上，伯林的两种自由与贡斯当的"古代人的自由与现代人的自由"划分有契合之处。消极自由与现代人自由相对应，积极自由与古代人自由相匹配。伯林认为消极自由是好的自由，因为它可以让个体免于各种伤害和权利，是保护人们不受侵犯的自由。伯林甚至认为，生命、财产和安全是极其重要的消极自由。伯林对积极自由极力批判，他批判道："正是这种积极自由的概念——不是免于……的自由，而是去做的自由——导致一种规定好了的生活，并常常成为残酷暴政的华丽伪装。"③海德格尔从生存论哲学角度论述了人的自由问题。海德格尔认为，人是被抛到这个世界的，因此人只能自己去面对世间的一切。存在是人的存在，人的存在是"去存在"，去生存和生活。"此在"是丰富的展现，是"敞开""祛蔽"。传统哲学倾其所有研究的是"存在者"，而不是"存在"，"存在"是现象学意义的，是人生的"体验""情景""给予"。存在主义哲学家萨特直接高呼"存在先于本质"。人的存在是一个动词，是开显，不是先天给予的存在者。实体物的存在只是现成的存在者，它是先

---

① ［英］约翰·斯图亚特·密尔：《论自由》，于庆生译，中国法制出版社，2009年，第19页。

② ［法］邦雅曼·贡斯当：《古代人的自由与现代人的自由》，阎克文、刘满贵、李强译，上海人民出版社，2015年，第72页。

③ ［英］以赛亚·伯林：《自由论》，胡传胜译，译林出版社，2011年，第179页。

天存在的或本能赋予的,实体物的本质是先天的。所以,萨特认为,物的存在是"本质先于存在"。萨特的著名口号"人本自由,自由是绝对的",他提倡选择的自由是绝对的。也许人们会说,人不可以选择犯罪,但是萨特认为选择犯罪也是一种自由的选择,当你选择了它其实意味着选择了承担责任。

总而言之,自由主义的核心观点主要有:在权利论方面,提倡权利的保护不寻求积极自由的推进;在个体与社会关系上,彰显个体自由,淡漠社会约束;在价值观方面,主张多元论,贬低一元论;在国家认同方面,倡导国家的个体选择性,消解共同体的认同。

面对西方自由主义的立论,中国学界有不少附和或者反对者,笔者认为,自由主义的立论实际上存在不少值得商榷的地方。在现实生活中,自由主义有很多方面经不起理论的推敲,也经不起现实的确证。自由主义至少在以下几个方面存在悖论。

## 一、消极自由与积极自由的区分

消极自由即免于什么的自由,例如免于侵犯财产的自由、免于人身干涉的自由、免于无辜遭到逮捕的自由、免于饥饿和贫困的自由,等等。伯林认为消极自由就是不受干涉的,他认为:"不受干涉的领域越大,我的自由越广。"①实际上,这种免于什么的自由就是一种政治权利,因为这种自由就是法律规定的权利。没有法律的规定和操作就没有这种消极自由。消极自由又是个人的自由,不是群体或者社会的自由,因为社会和群体恰恰会侵犯个体的自由,最终导致个体没有自由。个体自由就需要免于囚禁、免于枷锁、免于奴役。消极自由是现实的自由,不是一种精神自由。伯林认为,精神自由就是宗教意义上的退回内心的自由。因为面对现实的无能为力只能退回内心寻找

---

① ［英］以赛亚·伯林:《自由论》,胡传胜译,译林出版社,2011年,第171页。

安慰，所以心灵自由是不自由，至多是精神安慰。伯林还认为，如果一个人由于经济上贫穷而实际上无法真正享受到这种自由，实际还是自由，因为除非他证明了他的贫穷是别人的安排所致。也就是说，只要是自己的能力导致的贫寒，不能怪他人和制度，自己造成的任何情况还是自由的。伯林也努力反对积极自由，在他的思想里，积极自由就是消极自由的敌人。积极自由就是个人和社会行动的自由。伯林认为积极自由往往要求社会或者国家去帮助个体实现目标，这样往往又扩大了政府权力，容易导致个体权利的萎缩。所以伯林的自由观是典型的个体自由观，反对集体或者社会对于个体的行动干涉。伯林说："就积极自由的自我而言，这种实体可能被膨胀成某种超人的实体——国家、阶级、民族或历史本身的长征，被视为比经验的自我更真实的属性主体。"①

那么伯林的消极自由论与积极自由的区分同时贬低积极自由抬高消极自由是否就是真理呢？其理论不能够自洽，逻辑不符合历史现实。

一方面，两种自由的划分是否合适？实际上消极自由与积极自由不能分开。首先，消极自由没有积极自由无法保证。因为消极自由只是权利概念，或者说消极自由就是政治学含义，政治学的消极自由需要法律保证，而法律保证的权利是统治阶级意志或者普遍意志的体现。这种意志本身是群体追求自由的结果，脱离不了社会和国家意志。如果没有群体的追求或者没有符合大多数人的意志的普遍法，就很难形成这种"免于什么"的权利。其次，没有消极自由很难有积极自由，反之，没有积极自由的消极自由也是空泛的。试想，没有多数人的呐喊和对政府的施压哪里来的免于什么的自由！最后，没有积极自由去推进政府实行，那么消极自由就是一纸空文。因为毕竟法律上的自由不是现实的自由，况且，让一个穷人去实现实质上的自由谈何容易！

也许伯林会说只要没有证据表明是他人的影响才导致这种贫穷，但是

----

① ［英］以赛亚·伯林：《自由论》，胡传胜译，译林出版社，2011年，第183页。

如何去证明是否是某人或某种体制所致？有些时候因为起点不公平可能导致一个家庭或者一个家族的长久的贫穷,这是谁的责任?当富人说纳税也是一种个人自由的时候,那么不纳税也是一种自由,国家用于教育保障的经费拮据的时候,穷人的教育平等更难实现,这种是否是由于富人对教育公平的影响?正如赵汀阳说的:"一个人享有神圣不可侵犯的财产权,不等于他因此就有了财产","自由权利是实现自由的必要条件,而不是充分条件"。①如果贫穷也是自己的自由导致,那么怎么解决"自愿卖身为奴"这样的悖论。毕竟画饼充饥并不能充饥,因为观念的饼不是现实的饼。

另一方面,抬高消极自由贬低积极自由是否能够符合历史逻辑?根据伯林的解释,消极自由就是假定,他要从事某种事情,他就不应该受到他人或机构的干涉;而积极自由就假定,每个人都有参与决定个体享受的消极自由的权利。消极自由强调不要什么,积极自由强调要什么。消极自由提倡不受伤害,积极自由提倡促进美好和善的生活。

实际上伯林混淆了作为免于干涉和实现卓越、德行和创造性生活的区分。两种自由本来没有明确的界限,没有必要搞出两种自由的区分。消极自由是人之为人的最低要求,是作为一个人的底线。积极自由是人的更高追求,没有积极自由的追求,很难保证消极自由的存在,因为没有人们积极的追求、参与和对好生活好社会的期待和追寻,很难有法律对权利的保证。之所以有两种自由的划分,根本原因在于两次世界大战的影响,伯林震撼于法西斯集权对人性的侵犯,对法律的践踏以及基本人权的忽视。问题是,如果仅仅满足于免于什么的自由,而不追寻积极自由,如果有了消极自由人们还是感觉到无意义,那怎么办呢?为什么不需要人性的提升,为什么不考虑卓越的生活?正如崇明认为的:"这些问题表明,积极自由深切地植根于人性的渴望,也正因此人类文明初期就成为各种宗教和哲学的主题。"②

---

① 赵汀阳:《坏世界研究:作为第一哲学的政治哲学》,中国人民大学出版社,2009年,第249页。

② 许纪霖、刘擎主编:《西方"政治正确"的反思》,江苏人民出版社,2018年,第41页。

因此,伯林的两种自由划分同时肯定消极自由、贬低积极自由的观点,在当代人获得消极自由却不能得到积极自由时,他的自由观缺陷就显而易见了。

## 二、个体权利与公共社会的对立

古典自由主义已经确立了个人优先于社会的哲学基础。个人是权利的逻辑前提,是社会的基础,是一切政治问题的中心。霍布斯早就把国家当作个体人相互妥协和签订契约的结果。国家就是人为构建的,不像黑格尔把国家看作人类的终极目的,把社会看作高于家庭和个人的实体。古典自由主义的观点主要集中为:个人就是目的本身;个人就是平等的每个人,是具体的,不是抽象的大写的人;个人是所有价值的中心,一切政治问题要以个人为中心进行谋划和解决。古典自由主义的口号就是"个人优先社会和任何社群"。可以说,古典自由主义是在反封建主义斗争中争取"天赋人权"的运动中发展起来的,其历史价值也是显而易见的,但是古典自由主义宣传的原子式个人利益为中心的价值观也导致西方社会近代以来的唯利是图、精致利己主义的趋向。难怪有学者直呼"每项伟大运动从运动开始,然后变成生意,最后变成勾当"[1]。

罗尔斯重启了自由主义的历史传统,重启了政治哲学的大门。新自由主义的代表即平等自由主义者罗尔斯继续高扬古典自由主义的"自由原则"至上的思想精华,外添一条"差异化"原则。虽然差异化原则关注到"最不利者",关注到竞争中的弱势者,但是其基本理论核心还是个人优先的理论。罗尔斯设计了一个平等条件下的契约,这个契约不受环境和天赋方面的差异影响,订立契约者各方都不知道对方的实际情况,因此这种契约相对来说是

---

① 俞可平:《社群主义》,中国社会科学出版社,1998年,第55页。

正义的。这种排除环境、天赋等差异条件就是罗尔斯主张的"无知之幕",罗尔斯认为无知之幕的协议是正义的。

实际上,自由主义的原子式个人主义存在的问题显而易见,核心问题就是个体的自由平等如何保证社会的有序,如何促成社会的情感、道德和文化凝聚力。其实,个人从来就不是相互隔离的个人,任何人都是关系中的人,是主体间性的人,还是社会历史中的个体。在社群主义看来,社会先于个体,先有社会才有个体。这里的先于实际上不是时间上的先,而是逻辑上的先。因为没有社会,个体是游离的、无中心的、飘忽的存在,最后,个体也很难真正独立存在。这不是一个需要用理论证明的问题,这是一个自明的道理,稍微有点理智和直觉的存在者就明了的事实。因为,任何人的习惯、风俗、道德、价值观都源自先于他的社会背景;任何人都无法离开社会而存在;特别是在社会分工如此细化的社会,谁都离不开谁。

自由主义有个预设,每个人任其自然都能够选择"好生活",自由主义预设社会这个大集体一定会带来对个人自由的灾难。而实际上,这种观点比较模糊,也存在严重的错误。因为如果一个人不够理智和成熟,其选择往往不一定正确。乔纳森·沃尔夫针对自由主义的原子式的自由观指出:"尊崇公义只会提高而不会限制个人自由。"①

自由主义提倡的自由,本质上就是政治权利。而这种权利是以个体为中心的分离性的权利,这种权利往往把他人当成约束,当成自己的障碍,即法国哲学家萨特所持"他人就是地狱"的观点。把他人当成地狱,自己的权利必然是孤立的,每个孤立的个体拥有了所谓平等的权利,最后实际也会丢弃这种权利,因为在特殊时代,没有个体构成的社会团结与斗争,就无法真正达到这种权利。实际上,马克思认为,真正获得解放的社会是每个人把自己当成平等协作的社会成员并按照社会需要的观点进行行动。自由主义提倡的

---

① ［英］乔纳森·沃尔夫:《政治哲学导论》,王涛、赵荣华、陈任博译,吉林出版集团有限公司,2008年,第136页。

个体的平等,如果离开社会有机体,最后将是一团散沙的虚假平等,或者说只是法律条文上的平等,没有实质的平等,现实是资本主义社会不管多么发达,法律多么健全,人与人之间在经济方面还是具有天壤之别。在政治领域也一样,无非还是经济上处于领导地位的阶级阶层的政治游戏。因此,自由主义"只是一种粗浅、浮华的理论"[①]。

　　自由主义只关注理性个人,而抽离了人的其他属性,展现了其片面的深刻。而人的社会性因素:习惯、风俗和文化,在自由主义视野中已经边沿化和模糊化。其实,人总是社会中的人,社会出现以后,个体的存在必须要把现有社会作为视域而筹划自己的生活和存在。人们也经常在按照社会而行动中感到愉悦和幸福。人们可以在特殊社会背景下得到锻造和调适,从而使得社会发展持续有效。极端推动社会或社群作用容易扩展社会对个体的限制力量,甚至导致像法国大革命时期的法国专制社会对个体权利的忽视和二战时期法西斯主义对所有个体的独裁,但是一味提倡原子个体的自由和独立而忽视社会的文化、凝聚力和团结,个体的所谓权利也等于无。

## 三、价值多元与一元的争论

　　价值多元论与自由主义与生俱来,因为其提倡每个人是每个人的主人,自己决定自己,自己依赖自己而不依赖任何外在力量。每个个体都在寻求自己的良善生活,没有统一的好生活标准。根据自由主义的价值观,每个个体的价值观都是平等的,不应该有等级区别,每个个体的价值观都是自己自由选择的结果。政府在不同价值观面前需要保持中立。多元主义价值观奉行"每种价值观具有不可通约性",既然如此,每种价值观都是自己选择的,也是合法的,政府不应该干涉,也不应该把一种价值观置于另一种价值观之

---

　　① [英]乔纳森·沃尔夫:《政治哲学导论》,王涛、赵荣华、陈任博译,吉林出版集团有限公司,2008年,第134页。

上。其实,其包含了"正当优先于善",自由主义认为善的生活由每个个体去争取,而不是由政府提前预设和倡导。政治道德只关心正当,而让个体确定何为好的生活。无论是诺奇克、德沃金还是罗尔斯,他们都认为个体自由是压倒性的,他们言语中充斥了对自由价值优先和不可侵犯性的压倒性辩护,那么如何与多元主义共处呢?

价值多元论明显存在以下悖论。第一,现代世界的确存在价值多元化趋势,但是否可以说就是不可通约呢?如果这样,这个世界就没有善恶是非标准,人类就只能处于无序斗争中,处于像霍布斯视野中的"丛林法则"世界。显然,世界并非如此。国家还是在多元价值中认可一元价值,世界还是在多元价值中预设一元秩序,否则,人们无法交往,国家无法相处。

第二,自由主义提倡的多元价值的平等和无法排序本身即是悖论,因为西方一直在高扬"自由、平等、博爱"的价值主流,甚至以此对非西方世界的价值观指手画脚,包括不少理论学者也是如此,例如黑格尔、哈贝马斯等思想家都有西方中心主义的优越感。伊斯兰教价值世界不是价值无序的,它是有优越排序的;儒家文化圈也有其道德价值排序;而社群主义所强调的共同体意识也是有序的。当自由主义宣扬价值多元而对一元价值观进行批评指责时,本身就背离了自由主义价值多元论的价值观。自由主义主张自由价值优先,但是又提倡多元价值,其他价值往往被自由主义批判和攻击,在某种意义上又抛弃了自由主义观念,因为它没有体现对其他价值的宽容。主张自由,又主张价值多元,如果"不主张这一点就是抛弃自由主义,但主张这一点导致矛盾,因为多元主义是与它不相容的。自由主义如何回应这个问题呢?"[①]

第三,从逻辑上推理,如果每种价值不可通约,也就认可了每种价值的地位平等,从而尊崇每种价值观的合法性,那么就没有了价值的标准,等于是认可了相对主义价值观。那么矛盾就出现在,对不同价值观的宽容是否要

---

① [美]约翰·凯克斯:《反对自由主义》,应奇译,江苏人民出版社,2008年,第206页。

求我们对"不宽容"这种价值观进行宽容呢?显然不行。这就导致,一方面主张价值不可通约,另一方面又在宽容的幌子下希望在理性的支配下达到对多元主义的共识。正如林少敏说:"在价值确定性内容的一再退让和收缩中,在几乎空泛了道德内容的中立性原则下,暗置自己的价值偏好……"①

第四,自由主义主张自由选择良善生活,一切自己的选择应该平等地受到尊重。由此,可以推论,可以平等对待自由选择不自由的人。在当代,资本主义社会由于资本的贪婪,导致收入差距两极分化,实际上的不自由普遍存在,如果把这种情况看作是自由选择不自由,难道自由主义者就熟视无睹吗?在实践上,由于资本的全球化加速推进,导致资本主义世界的"马太效应"不断加剧,而自由主义者仍然认为这是平等竞争的结果,是自由选择的结果。对于社会普遍的不公反过来认为是由于国家还不够自由的结果,那明显是自由主义带有的傲慢和偏见。新自由主义者哈耶克认为社会是自然扩展的,不应该先有宏观的计划,甚至认为公有制和有计划的推进美好社会是"致命的自负",激进自由主义者诺奇克认为最小的国家才是最好的国家;同时,他坚决反对罗尔斯的第二条正义原则即差异化原则,认为罗尔斯的第二原则即坚信平等主义的原则本身就给了政府掌管分配大权,实际最终会取消第一条原则即自由原则。诺奇克针对罗尔斯的公平理论提出了自己的持有公正,认为只要财产来源和转让合法,任何人包括政府都无权分配别人的财产。这些自由主义者带着傲慢和偏见任意指责其他非自由主义价值观,对资本主义产生的越来越大的"马太效应"熟视无睹,甚至强词夺理。把一切都看作自由选择或者自然而然的结果,不应该由社会或者政府进行干预。

第五,自由主义有一个很大的困境是,为了改善一个国家或者地区的教育、医疗、安全等情况,什么情况下属于非法的行为或者怎样施加积极影响才没有干涉自由?也就是说,为了达到自由条件,就必须对个体施加限制,例

---

① 林少敏:《价值多元论及其悖论》,《哲学研究》,2008 年第 9 期。

如在中国实行的九年义务教育,按照自由主义就不能强行,但恰恰又是为了自由的目的,这就是背反。这本质上是"借自由之名侵犯自由之实,这种无视事实张冠李戴的做法恰恰削弱了自由主义的历史价值,并使得当代自由主义语境中的自由主义愈发显得苍白无力"①。

## 四、个体自由与国家认同

从哲学视域来看,"认同"就是"归属感"和"身份意识",就是对个体的本体论意义的发问。"我是谁"?这是人类产生以来的形而上学意识,也是个体的身份(identity)意识。当追问触及"灵魂和意识"归属问题的时候,实际就是一个认同问题。当问及我是谁的时候,实际上不是对身躯的提问,而是对精神或"意识"的提问,严格来讲是对"自我意识"的发问。以此类推,"国家认同"就是个体对自己身份所属民族国家的追问和认可,它属于精神层面。国家认同本质上是对国家精神和核心价值观的认同,也是指对国家的心理归属和感情。有国家认同感的公民会为了国家利益抛头颅、洒热血,反之,毫无情感,规避和逃离国家,甚至以出卖国家利益换取自己个体的享受。

自由主义国家观主要来自霍布斯的"利维坦"。在原初状态,人与人之间就是仇恨和冲突,随时将有战争。为了避免"一切人对一切人战争"状态,维护每个个体的生命和权益,需要大家坐到一起订立协议,大家交出部分权利,选出一个政府,让政府管理每一个个体,这就是所谓的社会契约论。社会契约论把国家当成自由人契约体,不同于柏拉图、亚里士多德和马克思,契约论国家有以下几个特征:一是国家没有了神秘性特征。因为在古代社会要么把国家看作是不同天赋人构成的结合体,要么把国家论证为上帝的创造。前者以柏拉图为例,后者以托马斯·阿奎那为代表;前者把人分为天赋的三

---

① 施晓花、李淼:《自由主义理论困境及现实危机》,《北京工业大学学报(社会科学版)》,2013年第3期。

六九等,后者把国家看作是上帝之城在此岸世界的代理,即世俗之城。二是国家已经没有了伦理道德属性,国家只是一个利益博弈的场所,是自由人联合的物质利益算计的场地,国家成为一个道德中立的人为机构,在这个庞大机构里,国家只是维护人们的权利而不具备道德律令的工具,而在民族主义国家观念里,国家不仅是一个经济、政治机构,还是一个有文化价值和道德责任的共同体。离开价值情感的国家是一个毫无生机的松散体。三是国家没有了情感意志属性,离开了利益、安全和权利,国家就是"无",难怪民族主义针锋相对于这种自由主义的国家观。因为自由主义国家没有感情、没有意志、没有团结、没有宗教和文化上的"辩证性"。自由主义国家观带来国家认同方面的几个困境:

首先,自由主义的国家生命力何在?按照自由主义的解释,国家是契约而成,那么国家就是个体的自由联合,也是自由的解散,因为国家只是一个利益体,是为了保护公民的权利才成为国家。另外,自由主义认为国家不存在善与恶这些价值,国家只是在尊重公民权利方面才被称为国家,否则国家就没有存在的必要。按照自由主义的推理,一旦国家遭到入侵,就会纷纷离开而跑往他国。实际并非这样,我们知道的是,个体一出生总是某一国家的人,国家对于个体而言是先在的,而不是契约论者认为的是契约而成。黑格尔说过:"伦理性的规定就是个人的实体性和普遍本质。"[1]也就是说,国家与个体的关系不仅是权利关系,还有情感、意志的关系。国家不是一个机械的存在,也不是一个简单的松散契约体,不是一个想进就进,想出就出的实体。严格意义上的国家是一个价值和伦理实体,离开了价值、伦理和感情,国家就是僵死的实体。在民族主义者看来是一种可怕的现实。

当然,如果一个国家不能为个体提供各种权利,这样的国家很难得到公民的情感和支持,但国家的存在不只是一种权利的存在,不是仅仅因为权利

---

①　[德]黑格尔:《法哲学原理》,范扬、张企泰译,商务印书馆,1961年,第165页。

才有其合法性。许纪霖先生认为国家认同的基础不单是政治制度的认同,还有文化价值意义上的认同。江宜桦先生把国家认同基础确定为三种:族群认同、文化认同和制度认同。实际上,自由主义单一地把政治制度的认同当成国家认同的唯一基础,这是片面的,必然会带来国家认同基础的空洞化,也会掏空国家认同的文化意义和情感价值。掏空历史文化和情感意义上的国家是一个干枯的权利实体,也是一个单薄的机械体。

其次,自由主义的国家如何面对身份政治带来的共同体塑造难题?身份政治即强调在政治参与过程中的文化身份特殊性,由于文化身份的特殊性而强调其政治权利的合法性。由于自由主义强调不同个体的平等性以及价值观的多元性和合法性,必然衍生出对特殊文化身份的平等对待。这是对"种族主义"的反叛,也是对"白人种族主义"的背反,是历史的进步,但是由于身份政治的强调,对非主流群体或族群的权利的强调,消解了欧洲中心主义,以及美国这个移民国家,必然带来国家共同体塑造的难题。主要是在美国,黑人、黄种人、女性、同性恋、智障、残疾人以及各种非主流人群都要求平等对待,这种身份政治运动的推进,实际上产生了美国国家共同体认同问题。正如马克指出的:"1960年代的美国自由派,过分关注个体承认、本真性等身份政治议题,过分强调自己的差异性,而忽略了对于美国共同性的塑造。"[1]由于移民国家的形成,以盎格鲁-撒克逊为单一民族国家逐渐变成多元文化身份政治的国家,结果在美国出现了是以宪法为核心的政治文化还是以身份政治为主导的国家的争论?这种身份政治的发展是否会导致美国国家共同体的瓦解趋向不得而知。这也构成了自由主义国家观的又一困境。

最后,立足抽象个体的自由主义国家如何超越狭隘的经济理性?自由主义国家立足孤独的个体的自由契约,先不说这种契约的想象性质,就孤立个体的人性假想与资本主义现实制度的理性经济人,就是背离了人作为社会

①　[美]马克·里拉:《身份自由主义的终结》,《纽约时报》,2016年11月18日。

性质的存在。人不是离群索居的孤独个体,他总是社会的人,是社会交往的存在,是历史的存在。按照马克思主义的理解,人首先是社会中的人,离开社会的人是抽象的存在者。马克思说:"费尔巴哈把宗教的本质归结于人的本质。但是,人的本质不是单个人所固有的抽象物,在其现实性上,它是一切社会关系的总和。"①自由主义国家认同的基础是原子式的孤立的个体,实际上抛开了个体的社会性,因此背离了马克思主义的历史唯物论。国家不是孤立个体的抽象机械的联合体,而是建立在生产方式基础上的人与人、人与自然、人与社会关系之上的社会化的组织,因此是历史的产物。

　　自由主义的立足点不是社会历史中的人,而是狭隘的利益和孤独个体的机械结合体。由于过于强调个体的作用而忽视了社会的力量,结果目光局限在狭隘的个体权利,而没有在主体间关系中考察相互关系。因此"资本主义"这个词只是一个偏正词,就是以资本为中心、为"资本"谋利益的思潮和制度。而没有考虑社会利益和社会关系。在某种意义上,"社会主义"更关注"社会"的整体利益和价值,显然社会主义制度有超越资本主义的狭隘性的意义。马克思说:"旧唯物主义的立脚点是市民社会,新唯物主义的立脚点则是人类社会或社会的人类。"②社会化的人类是市民社会的超越,是对资本主义狭隘私人利益的超越,也是对新自由主义的批判,是超越金钱利益支配这种异化关系的理想化社会关系。

# 五、结　论

　　总之,以个体利益为中心的自由主义相对于封建主义和法西斯主义是历史的进步。封建主义依赖神学或君主暴力来体现其观念和制度的合法性。法西斯主义不留个体私人空间,也完全抛弃了私人利益,并认为一切都是国

---

① 《马克思恩格斯选集》(第一卷),人民出版社,2012年,第135页。

② 同上,第136页。

家的,无论是身体和灵魂。由于法西斯主义的独裁和集权忽视了个人利益和权利,导致生命也得不到保障,人们生活在恐惧之中。

但是自由主义走向了另一个反面,过于强调了个体的权利,甚至把国家也当成了个体自由的选择。当自由主义更重视个体利益和权利而忽视社会责任的时候,当自由主义关心消极自由贬低追求德行生活的积极自由的时候,当自由主义强调价值多元而忽视共同诉求的时候,当自由主义强调身份政治和政治正确而淡化共同体团结和认同的时候,自由主义就会陷入困境,已经无法解决这种悖论。

发端于 2019 年底而逐渐扩散于全球的新型冠状病毒肺炎,之所以在某些西方国家扩散得更快,导致的死亡人数更多,与政府反应速度有关,也与自由主义理念和价值观有直接关系。因为就连戴口罩这么简单的防御措施在西方不少国家都觉得是自由选择,甚至认为是尊重价值多元的表现。更可怕的是,政府一开始根本就不敢强制公民在公共场所戴口罩。在面对生死存亡的瘟疫面前,公民无法达到一致行动,政府也不敢采取强制,国家认同问题已经很严重,国家共同体被撕裂的危险已经存在。

# 第三章
## 哲学语境下的教育

## 第一节  马克思的解释学

一般而言，从哲学解释学方面去理解马克思有四种路径：方法论解释学、批判解释学、本体论解释学和生存论解释学。马克思方法论解释学突破了施莱尔马赫语法与技术解释学方法论；马克思批判解释学使马克思得以形成自己独特的哲学解释学理论；马克思本体论解释学较早地抛弃了认识论中心主义的近代哲学思维核心；马克思生存论解释学直接指向了人的生存问题。当然，每一种解释学孤军突进，让马克思思想往往处于互相孤立、分化和对立的状态，丢失了马克思的解释学灵魂，导致马克思思想处于一个相互斗争之中，无法真正体现一个有血有肉的完整的马克思，而且容易导致马克思思想的拆解和异化。因此，从哲学解释学角度，"回到马克思"就需要找到马克思真正的生命关怀，领悟马克思的学问旨趣，探寻马克思哲学解释学的中心线索。实际上，马克思哲学解释学以怀疑方法为突破口，以批判为旨趣，以实践为逻辑起点，以人的自由生存为其中心线索和归宿，这四个方面共同构成了马克思解释学的整体，使马克思哲学解释学有了完整的理论体系，虽然马克思本人并没有构建体系哲学的意图，但我们不能否认其解释思想的理论体系性。当然，马克思生存论解释学是马克思解释学的中心环节，也是其解释学的最终归宿，即构建人的自由全面发展的社会，生存论解释学维持了马克思哲学灵动的生命感。

## 一、寻找突破口——方法论解释学的构建

理论界有一种声音，认为马克思哲学重视实践对生命的影响和支配，承认其对生命的本体论中心地位，马克思不关注解释世界。这种声音源于马克思的"哲学家只是解释世界，问题在于改变世界"一言。我们以为，马克思虽然强调改造世界，但并没有忽视解释世界。马克思之所以把改造世界作为哲学家的主要任务，是因为自古希腊以来的哲学家主要忙于解释世界，而不重视改造世界。古希腊哲学一开始关注自然的世界，后来，苏格拉底实现了哲学从自然转向人自己的关注，以苏格拉底的"认识你自己"为主要标志。当然关注人自身并没有实现哲学从理论到实践的转轨，哲学在柏拉图那里走向了抽象的思辨，哲学围绕现象与理念之间的思辨运动让哲学走向了脱离人的抽象化。中世纪哲学直接以柏拉图的哲学为理论支撑，把柏拉图的理念直接打扮成了上帝，理念是现象的本源，上帝成了世间万物的造物主。中世纪被称为经院哲学世纪，哲学成了神学的"奴婢"，苏格拉底关于人的学问走向了神的学问。"上帝说要有光，于是便有了光"，使语言走向了神秘化。理论界的任务在于对神圣上帝的"注释"。近代哲学以笛卡尔"我思故我在"为开端，哲学逐步走出神学的牢笼，但是近代哲学围绕"经验"和"理性"争执不断，前者导致怀疑论，后者最终走上独断论。经验主义以休谟的怀疑主义走上了终端，而唯理主义以黑格尔为集大成。唯理主义解释世界的那套知性概念已经达到登峰造极的地步。以康德为转折点，康德扭转了近代以自然为中心的经验主义认识论，经验主义认识论持物质世界为中心的知识论立场，认为解释就是人对世界的解释，大脑围绕物质世界进行旋转，认识就这样产生了。而

康德认为解释世界的根源在人自身,也就是人的大脑存在先验的知性概念,由于概念的先验性和统觉性,知识来源于人的先天综合判断,即人们解释世界结果的知识是由于先天知性建构后天的经验所得。康德走的路径与经验论者相反,这就是康德认为的"哥白尼式的革命",康德的路径调和了经验论和唯理论的解释路径。康德比较谦和,为人类的理性划清了界限,认为人类只能认识现象,不能认识现象背后的"物自体","物自体"世界其实就是关于"世界""上帝""灵魂"等宏大命题的知识。康德认为"物自体"世界人类无法认识,只有把这种知识放在实践领域去探究,也就是伦理学领域。黑格尔不满足康德的谦逊,认为理性可以通达现象,也可以通达世界。"主体即实体,实体即主体"反映了黑格尔主体形而上学的理性哲学的张狂。当然,要实现主体通达客体的解释学野心,需要通过知性概念的不断辩证运动,黑格尔创立了这种概念运动的体系。在黑格尔解释世界的哲学体系中贯穿了一系列的概念运动,黑格尔所谓的"劳动"也就是他的观念世界的运动,观念对世界的"臆想"。概念的辩证运动经过一系列的正反合,最后达到对世界的完满解释,但是并不意味着真正地对世界的改造。近代哲学建构了一整套解释世界的概念体系,这套概念体系也达到解释世界的顶峰,但也导致了对客观世界的"心理按摩",因此,虽然观念有变,但世界还是那个世界。马克思毫不客气地批判道:"哲学,尤其是德国的哲学,喜欢幽静孤寂、闭关自守并醉心于淡漠的自我直观;⋯⋯那玄妙的自我深化在门外汉看来正像脱离现实的活动一样稀奇古怪;它被当做一个魔术师,若有其事地念着咒语,因为谁也不懂得他在念些什么。"①

难道马克思不重视解释世界?显然不是,马克思也很重视解释世界。不过,马克思认为,不能离开现实的人和现实的社会谈论解释世界,离开了现实的人和人的社会,抽象地谈论世界等于是空谈,正如马克思指出的"离开

---

① 《马克思恩格斯全集》(第 1 卷),人民出版社,1956 年,第 120 页。

了人的世界的存在等于非存在"，之所以这样说，是因为，抛开一定的社会历史谈论解释世界肯定达不到改造世界的目的。那么如何在理论上解释世界？马克思从来没有丢开人本身去解释世界。早在马克思的《博士论文》中，马克思就对比了德谟克利特和伊壁鸠鲁的自然哲学思想，通过比较，马克思抓住了伊壁鸠鲁的原子偏斜运动进行深入论证和挖掘，并得出了原子存在运动的偶然性问题，并指出了伊壁鸠鲁相对于德谟克利特原子论的优势，即"偏斜运动"所蕴含的"纯粹形式"的存在规定性，一种"自我规定"，实际上确立了"人的自我意识"和"此岸世界"真理的解释学基础。沈真指出："生活从根本上说，是在科学、艺术、个人生活中全面地显示出来的精神行为的表现。"[1]所以，在马克思解释世界的视野中，从来没有纯粹的理论解释或者说明，对文本的解释和说明蕴含着马克思对人类社会和现实生活世界的关切。马克思对伊壁鸠鲁原子论的解释和关注，目的是为了解释资本主义现实世界需要的"自我意识的自由"，从表面看来是在谈原子论，实际是"醉翁之意不在酒"，而在人的现实的现存。因此，马克思对方法论解释学的构建不是单一的为解释而解释，其理论突破口是建基于两大方法论解释原则：一是反对实证主义的解释，要从现实生活出发；二是对对象的解释，必须从哲学形而上的角度，才能得到根本的解释。

## 二、以反思为旨趣——批判解释学的凸显

反思即反过来思考或者事后思考，从事哲学本来就需要反思能力，反思又可以称为对思考的思考，对思想的再思想，把思想作为对象进行思考和批判。"出版物是个人表现其精神存在的最普遍的方法。它不知道尊重个别人，它只知道尊重理性。"[2]文本产生以后，不仅成为言说者的精神载体，也将成

---

① 沈真编：《马克思恩格斯早期哲学思想研究》，中国社会科学出版社，1981年，第76页。

② 《马克思恩格斯全集》（第1卷），人民出版社，1956年，第90页。

为阅读者用来解释的并负载自己精神的文本。文本不仅是为别人存在,也是为解读者存在的意识,阅读者在解读过程中需要体现自己的主体性,体现自己的视域和理论前见。解释总是在作者的视域和读者的视域下进行转换和反思,伽达默尔称之为"视域融合",所以对文本的解释不能简单称为主观性,也不能称之为客观性,解释总是主客观的交融,没有绝对的客观,也没有绝对的主观,俞吾金称之为"带有主观的客观性"。

马克思不是囿于文本自身所谓的含义进行解释,也不是简单按照个人的主观随意性进行解读,而是立足他自己所处的时代和面临的时代困境进行的对文本的反思和批判性解读。马克思解释世界的目的在于改变世界,但其改变世界的目的又依赖于解释世界的推进。综观马克思的一生,其革命的实践行为中贯穿着其解释和批判世界的经历。从青年马克思到老年马克思,无不展示了马克思批判解释学的理论魅力。我们很难相信在对世界的理解之外有什么真正的实践行为。思想产生于实践,实践本身也需要思想的导引,实践本身就内涵了实践者的思想前见,否则就是动物式的适应世界。这就是马克思所谓的"再蹩脚的建筑师从一开始就比最灵巧的蜜蜂高明的地方",因为建筑师在从事建筑之前就在头脑中把它建成了。

在《博士论文》时期,马克思展开了对德谟克利特原子论的批判,批判了德谟克利特原子论的机械运动,机械运动展示的宿命论。马克思赞美了伊壁鸠鲁的原子偏斜运动,指出偏斜运动体现了原子的自由运动,脱离命定的决定运动。偏斜运动蕴含了"自我意识",自我意识一直在追求自我的自由。德谟克利特把人放在必然性的位置,而伊壁鸠鲁强调人独立于自由,他把自由意志当作世界的中心,把原子当成自我意识的象征。当德谟克利特强调必然性的时候,伊壁鸠鲁强调偶然性。伊壁鸠鲁认为必然性是对人的自由的限定和否定。他指出:"即使信从关于神灵的神话,也比做物理学家所谓命运的奴隶要好

---

① 马克思:《博士论文》,贺麟译,人民出版社,1961年,第12页。

些。"①马克思批判德谟克利特坚持的机械论观点,而赞美伊壁鸠鲁坚持了辩证法观点。德谟克利特和伊壁鸠鲁都坚持原子的垂直运动和冲击运动,但是伊壁鸠鲁还坚持了原子的偏斜运动,所谓原子的偏斜运动实际就是自我意识的原型。伊壁鸠鲁认为原子内涵了两种相反的规定,即辩证运动。而德谟克利特忽视了偏斜运动,最后冲击运动也被垂直运动所消耗,变成了机械运动。在某种意义上,德谟克利特坚持的机械唯物论,其思想是让人们适应自然,而伊壁鸠鲁却坚持了人的自由意志,具有辩证法特质,内涵了垂直于偏离的辩证法。"整个伊壁鸠鲁哲学到处都脱离了具有局限性的定在。"①伊壁鸠鲁哲学承认了差异化和否定性原则。伊壁鸠鲁的自我意识哲学内涵了近代开始的启蒙和反叛等精神价值。

在《经济学哲学手稿》中,马克思围绕未来理想社会展开了其对资本主义异化现实的批判。异化理论是马克思批判改造黑格尔和费尔巴哈哲学的成果,在马克思主义发展史上具有重要地位。马克思异化劳动理论反映了马克思对政治经济学研究的成果,是在批判英国古典政治经济学包含种种矛盾基础上产生的理论现实。马克思分析了异化的根源和异化的本质,提出了资本主义社会异化的根源在于资本主义私有制,而异化本质在于外化和对象化,指出了异化的内涵有四个层面:劳动产品和劳动者相异化、劳动者与劳动行为相异化、人的类本质与人相异化、人与人的相异化。由于异化劳动,导致了资本主义社会工人的劳动是被迫的劳动,这种劳动是无聊的,是被剥削的劳动。在这样的劳动环境下,人的劳动是痛苦的,他没有了快乐,没有了主动性,是被动消极的,是肉体上的痛苦,是精神上的摧残。工人生产的越多,其越加贫穷,一边是财富的累积,一边是贫困的增加。所以在资本主义社会工人只是失去有形锁链的"奴隶"。马克思批判资本主义制度下的异化劳动,其头脑中已经有理想社会的雏形即共产主义或者说真正的"人类社会"。

---

① 马克思:《博士论文》,贺麟译,人民出版社,1961 年,第 23 页。

因而马克思提出了异化和异化劳动的扬弃。"共产主义是私有财产即人的自我异化的积极扬弃,因而是通过人并且为了人而对人的本质的真正占有;因此,它是人向自身——也就是向社会的即合乎人性的人的复归,这种复归是完全的复归,是自觉实现并在以往发展的全部财富的范围内实现的复归。"①

在《关于费尔巴哈的提纲》中,马克思清算了唯心主义和费尔巴哈的感性直观唯物主义,指出了以往的旧唯物主义只是"从客体的或者直观的形式去理解",而不知道把它们当成"感性活动"和"当成实践"去理解,唯心主义发展了能动方面,但只是"抽象地发展了"。马克思批判了旧唯物主义,提倡和构建了新唯物主义,他明确指出:"旧唯物主义的立脚点是'市民'社会;新唯物主义的立脚点则是人类社会或社会化的人类。"②马克思批判唯心主义和旧唯物主义的问题核心就是"只是解释世界",而问题的核心在于"改变世界"。马克思所谓的需要改变世界,其并没有忽视解释世界,只是过去的哲学家太迷恋于解释世界,不愿把眼光投向现实社会,去指出问题的根源和核心,而是回避问题的社会历史根源,使唯心主义变成帽子哲学,唯物主义成了机械的"直观"。费尔巴哈在揭露了宗教的神圣面纱后,却不知道面纱背后的社会异化的现实。马克思认为在批判宗教的根源后,需要进一步揭露其异化的社会根源。马克思说:"废除作为人民的虚幻幸福的宗教,就是要求人民的现实幸福。要求抛弃关于人民处境的幻觉,就是要求抛弃那需要幻觉的处境。"③

在《资本论》中,马克思以商品为逻辑起点,展开了经济学的逻辑推理和现实历史对接。通过对商品的价值、使用价值的分析,对具体劳动、抽象劳动的阐释,个别劳动、社会必要劳动的阐释,阐明了商品物的关系背后的人与人的关系。马克思揭露了表面上的物化关系背后是看不见的人与人的价值

---

① 《马克思恩格斯文集》(第一卷),人民出版社,2009年,第185页。
② 《马克思恩格斯选集》(第一卷),人民出版社,2012年,第140页。
③ 同上,第2页。

关系,即人与人的利益关系,揭露了商品拜物教背后的货币拜物教和资本拜物教的资本主义本质。

在马克思那里,解释学不只是一种技术,其本质是一种批判。马克思在批判资本主义社会虚假意识形态的同时,努力设想构建无产阶级的解释权。这就需要建构无产阶级解释权的无产阶级专政的社会。每个统治阶级无不把自己的利益说成是全体人民的利益,无不把自己的利益普遍化,从而动员其他成员参与到革命中来。马克思向我们展示了一种有趣的现象即"诠释的错位",俞吾金认为"诠释学错位"即"一个阶级通常把自己的利益诠释成适合于全社会绝大多数成员的普遍利益"[①]。

马克思的批判解释学深刻揭示了诠释活动不只是诠释方法,还包含了人们的诠释权力目的,纯粹的方法论解释学无法适应社会现实,马克思的解释学不仅包含了批判的解释学,也内涵了无产阶级作为历史的主体的革命斗争的解释学。

## 三、以实践为基础——本体论解释学的成型

批判解释学背后有一种本体论诉求,这种本体论不是传统哲学的物质本体论,也不是传统哲学的反躬于心的心灵本体论和绝对观念的本体论,在马克思那里,它是以实践为核心的"实践本体论"。实践是人们能动地改造客观世界的活动,是联系主观与客观的桥梁,是主观见之于客观的活动。离开实践,就无法理解和解释世界,也无法了解人类历史,无法检验真理与谬误。马克思不仅从一般的实践出发去解释世界,更重视从物质生活的社会关系出发去解释社会和历史。马克思认为:"社会生活在本质上是实践的。凡是把理论诱入神秘主义的神秘东西,都能在人的实践中以及对这种实践的理解

---

① 俞吾金:《被遮蔽的马克思》,人民出版社,2012 年,第 167 页。

中得到合理的解决。"①旧唯物主义把实践当作适应自然的本然活动,唯心主义至多把实践当作伦理的绝对命令,从而把理论引入神秘主义方向。例如,宗教神学家奥古斯丁认为语言产生了世界,结果把语言神秘主义化了。而马克思把语言当作是实践的需要而必须说出来的产物,因此语言是社会活动和交往的产物,是历史的产物。文本是作者留下的客观化精神,容易导致人们把语言当成离开生活的精神王国,但是马克思认为:"语言也和意识一样,只是由于需要,由于和他人交往的迫切需要才产生的。"②马克思提倡从现实生活出发考察理论和世界历史,不能向相反的方向出发。历史总是人的历史,人们自己创造自己的历史,历史不是英雄的灵魂构建,也不是上帝的杰作,历史就是每一个活生生的个体在自己的现实生活中产生的。人们是历史的剧作者,也是历史的剧中人,离开了历史现实的社会的人就不会是真正的历史,至多是抽象的思辨家的历史。马克思认为德国哲学从天国降到人间,而我们应该走相反的路,哲学应该从人间升到天国。人们不能从思想出发,不能从观念、理论和想象出发,而要从自己面临的当下境况和现实生活出发。否则,生活变成抽象的,历史变成精神的,世界就会变成黑格尔绝对观念的演化和对象化。"不是意识决定生活,而是生活决定意识。"③从意识出发,把世界颠倒,历史就成了观念的历史,从生活出发,历史就是活生生的历史,历史就是有生命的个人的历史,生活的历史产生了生活的意识。

马克思非常关注利益问题在社会解释中的位置,人们行为的背后一般都与利益相关。物质资料的生产是社会最基本的实践活动,人们为了能够创造历史,首先要生活,而生活的首要问题就是解决吃穿住行等问题。在生产中,人们形成了相关的社会关系,在分工过程中,出现了阶级的划分,私有制的产生和国家的产生就成为必然的事情了。离开了经济利益关系去探讨历

---

① 《马克思恩格斯选集》(第一卷),人民出版社,2012 年,第 139~140 页。

② 同上,第 161 页。

③ 同上,第 152 页。

史问题将会走向唯心主义。所以马克思说:"'思想'一旦离开'利益',就一定会使自己出丑。"①

马克思解释学的特质在于把解释世界与改变世界结合起来。解释活动规定着实践的方向和样式,解释活动总是在实践的基础上进行的,离开了实践的解释将是思想的玄思,因此实践活动与解释活动的关系是实践活动处于本体论地位。可以说,是否从实践出发去理解和解释文本或对象,是区分新旧本体论的基础。《关于费尔巴哈的提纲》是包含新世界观天才思想的萌芽,是马克思主义走向成熟的标志性著作。"实践"的本体论地位是马克思主义区别于传统哲学的核心概念,也是一个核心哲学理念。它与《德意志意识形态》一起标志着马克思哲学的兴起,是新世界观的诞生。

理解和解释是人的一种观念活动,是一种高等的意识活动,只有在人身上才能体现。人区别于动物的重要标志之一就是意识活动,理解和解释是人独有的观念活动,人有意识活动体现为对象性活动,对象性活动是人特有的活动。黑格尔把对象性活动放在观念中,马克思把对象性活动当作有目的的实践活动。通过对象化活动产生对象,对象化活动的结果是人本质力量的体现,从而彰显人的本质。

## 四、以生存为线索——生存论解释学的归宿

生存论解释学往往被看作是狄尔泰、伽达默尔和海德格尔的专利,实际上,马克思更早地关注了生存论解释学。马克思的著作从不是专门的理论解释和说明,其充满了对人的生命和生存的观照。《博士论文》对人的自我意志的论述,关注了人的自由意志问题,对于思想启蒙起到了重要作用;《黑格尔法哲学批判》通过批判德国唯心主义关注德国民族的未来,提出要有一场"对

---

① 《马克思恩格斯全集》(第2卷),人民出版社,1957年,第103页。

德国开火";《关于费尔巴哈的提纲》提出了实践作为历史核心的本体论思想，全文中心关注的是改变世界;《德意志意识形态》批判了德国唯心主义意识形态，要求把历史建基于社会存在的物质基础之上;《共产党宣言》直接宣告了无产阶级政党的实践目的——每个人的自由全面发展;《资本论》从商品出发，经过严密的逻辑和历史的对立统一，展开了资本主义历史的前景——被社会主义所取代;晚年的马克思非常重视对东方社会的研究，关注人类史的进展，提出了东方社会理论。

　　黑格尔把绝对精神当作解释的起点和终点，狄尔泰强调生命作为解释的中心，伽达默尔认为语言就是精神的化身，海德格尔用"此在"的绽出和超越来解释"常人"向"本真"存在的超拔。黑格尔把历史当作绝对观念的外化和对象化，将具体的人变成绝对观念历史运动的工具，人只是历史的偶然存在，历史是大写人的往返复归;马克思把现实人当作历史的动力，"人是一切社会关系的总和"，人是具体的，是现实的，人总是一定历史条件下的人，历史是具体人的活动，是偶然和必然的统一。狄尔泰认为解释学的中心是人的"生命"，生命是完整和丰富的，需要用生命体验去解释生命，体验是当下的，也是整体的，它是时间的当下和此时。狄尔泰反对将人的生命片面化或片段化，所以他不支持将生命现实化和对象化。马克思恰恰认为生命的展现需要人的对象化的活动，外化、对象化和异化是人的命运，外化是寻找对象，对象化是实践行为和结果，异化是对象化的结果反过来支配了主体自身。马克思认为，社会生活的本质是实践的，对象化使人的本质彰显，人们通过对象化找到产生丰富多样的对象和客观化的精神，从而从对象和客观化的对象中找到自身，找到人之为人的本质。而狄尔泰不认为对象化是人本质的体现，相反，对象化让人的本质不完整，使人失去了完整丰富的生命，因为对象化使人片面化和工具化。马克思认为:"无论从理论还是从实践方面来说，人的本质的对象化都是必要的。"①缺乏人的对象性存在，没有人化的自然，人的

---

① 马克思:《1844 年经济学哲学手稿》，人民出版社，2000 年，第 88 页。

本质就是虚无,人也是一种非存在。狄尔泰强调生命的体验,他预设了生命的完整性和原初性,马克思不满足这种内在体验生命的空虚的完整性,他关注生命的彰显,生命的发展,历史的推进。所以马克思需要用对象化及其对象的结果来体现人的创造性,从而彰显人的本质的历史性、创造性和发展性。人本身是一个可能性的存在,虽然对象化过程也是一个异化的产生过程,但这是人的命运,人必然要经过对象化和异化,异化和异化的扬弃是同时发生的存在,所以狄尔泰的担忧在马克思这里是不存在的。人在对象化过程中不断创造历史又不断超越现实,历史总是现实人的历史,历史总是可能性的人的历史,历史不可能是固定的定在。"人只有凭借现实的、感性的对象才能表现自己的生命。"①伽达默尔认为人的生命的客观化存在就是语言,语言是生命客观化的结果,语言是生命的表征。伽达默尔用语言作为解释学的媒介展开其生存解释学核心。伽达默尔认为,当作者文本生成后,读者无法客观无偏见通达作者的思想生命,读者面对文本等于是面对了两个视域:一个是作者的视域,另一个是自己时代的问题域,因此解释就是生命的碰撞,是当下生命对过去灵魂的激发与感悟。过去的生命只能以文本的形式存在于世,读者要解读过去的历史,就需要通过对历史文本进行生命的激发和唤醒,从而产生今人与先人的思想对话。文本产生以后,它不是僵死的木偶,需要后人去激发、去触碰、去交流和对话。不同的个体产生不同的视域,因此有多少读者,就有多少哈姆雷特。理解包含了前见,所谓前见即解释者本人所处的社会环境、自己的理论和价值观。任何解释都与读者的前见有关,所以解释就是读者带着自己的前见与文本中的生命视域进行对话。读者不一定能够理解同时代具有超越性的作品,即"由于受视域的遮蔽,并不能理解与自己同时出现的但具有超越时代意义的思想价值,反而这些思想在另一个历史时空会脱颖而出,而形成新的传统"②。

①　马克思:《1844 年经济学哲学手稿》,人民出版社,2000 年,第 106 页。

②　梅景辉:《生存解释学研究》,中国人民大学出版社,2014 年,第 60 页。

　　海德格尔运用现象学方法对生存进行解释活动。海德格尔认为，存在总是人的存在，存在是动词，是开显，去蔽、无蔽。英文叫作 to be，本真的存在通过"此在"的开显去超越作为"沉沦"的非本真状态的人，人被抛到世界，所以沉沦是人们必经的命运，沉沦的人总是处于"两可""好奇""闲谈""畏"等生存状态之中，而这些生存状态本身就是作为常人必经的阶段。在此在开显的过程中，人不能总是处于这种状态，人的生存命运需要人"超越"出来，从常人达致本真的人，本真的人不是现实的人，而是一种趋势，是一种"向在"即面向未来的存在和超拔行为。在海德格尔生存论解释学中，时间已经不是过去、现在和未来的流逝的时间，不是一般意义的流俗时间，而是面向未来的趋势。曾在指向现在和未来，现在也指向未来，未来才是生存命运的归宿。海德格尔认为，只有此在才能通达存在，因为存在者不能面对存在发问，到底什么才是存在。

　　马克思从现实社会关系中来理解人，不像海德格尔把未来当作人的命运和本质的出场，马克思认为，人是一切社会关系的总和，因此需要从人的经济形态、政治形态、意识形态去理解和解释人的本质。海德格尔恰恰认为需要超出当下的社会关系来揭示人的本质，让本质"显现"。因为，现实的关系是异化的关系，是常人的生活场景，人需要超拔出来，否则在劫难逃。特别在现代科技的"座驾"之下，人的常人命运好像无法超越。

　　马克思通过"主体""客体""实践""交往""对象化""意识形态""社会关系""生产力""生产关系""异化""物化""拜物教""资本""价值""无产阶级""资产阶级""革命""政权""剥削"等一系列概念对其所处的资本主义社会进行解剖和理解，其话语范式中包含了对无产阶级生存现状的忧虑，所以对这些范畴的解释和推进本身就是对生存问题的解释。

　　生存解释学本身包含了人的本质的开显和敞开，马克思的对象化行为或者实践也蕴含了生存解释学的意蕴。人的本质力量是从对象中展现的，没有本质力量的对象化结果的对象就没有体现人的价值和意义。当然，对象化往往会失去对象，使主体出现异化状态。在资本主义社会，工人阶级的对象化越多会导致自己失去的对象越多，因此失去感和疏远感愈加严重。马克思早期描绘了资本主义的劳动异化现状，中晚期在《资本论》中进一步推进了异化的研究，对异化的表现形式物化、拜物教、货币拜物教和资本拜物教等进行了逻辑和现实的推演。最后，马克思指出了异化社会的扬弃需要一个"每个人的自由是一切人自由的条件"的共产主义社会。

五、结　论

在四位一体解释学视域中理解马克思的生存解释学才可以看出一个完整的马克思，一个丰满的整体的马克思解释学。不过，马克思解释学的核心线索是生存解释学，生存问题是马克思一直关注的核心。抛开生存解释学的马克思就不是真正的马克思，也不是作为无产阶级革命家和思想家的马克思。马克思的解释学不是纯粹理论的解释学，它本身就是以通达人的生存为线索的解释学，本质上就是生存解释学。

## 第二节　趣味的哲学与学术的哲学

首先厘清两个概念问题：学术的哲学与趣味的哲学并没有绝对界线，希望不会因为题目而带来歧义，因为有些具有学术性的著作也是有趣味的；另外，有趣味的哲学著作也可能没有多少思想。笔者只是从实际出发，回到事物本身，探讨整体或者比较普遍的情况，即部分学术哲学著作看上去逻辑严谨，其实干枯乏味，也缺乏思想性。如当今国内的不少职称学术论文与项目报告；而大多趣味哲学多有思想见地，让人赏心悦目。所以笔者把前者当作学术的哲学，后者就当作趣味哲学。当然，有些学术哲学著作逻辑严谨,语言也优美,推理得当,字里行间闪烁着智慧光芒,总让人激动万分或陷入深深沉思;有些所谓趣味哲学实际不是哲学,也不是其他什么学,完全是庸俗之作,为了迎合所谓"大众化"的口味,然后随意拼凑的没有逻辑没有思想也没有趣味的作品。所以,笔者仅仅之于一般情况而言,学术哲学重学术形式框架,没有哲学的本性;而趣味哲学重思想和反思,并不一定有所谓严谨学术框架或形式。介于中间状态的是有严格学术框架形式,也有思想和智慧的哲学。

# 一、学术哲学的祛魅

（一）学术哲学往往展现出一副学究面孔

这种哲学往往热衷玩弄概念,而玩弄这种概念的作者自己并没有搞懂其实际含义。例如,不少学人并没有读胡塞尔、海德格尔、萨特、加缪、福柯、德里达等人的著作,但其学术中不乏这些思想者的概念,甚至不少人却把"现象学""存在主义""死亡""烦、畏、死""此在""结构""解构""延绎""根茎状""褶皱""现代""后现代"等概念挂在嘴上。不是不能谈,而是当没有认真研究,没有对思想概念有所深刻理解之前需要保持对思想概念的敬畏。现实中不少学人缺乏这种敬畏,如果只是口头上的闲谈倒有些意义,至少可以有茶余饭后的谈资,但是随意搬到论文、专著等原创学问中,就显得唐突和鲁莽,也缺乏做学问的严谨和学养。实际上,打开很多期刊和著作,很容易发现这些生僻的缺乏概念背景的概念堆砌和论证。有些很明显显得多此一举,有些让人哑然失笑。本来可以用接合地气的中国文明概念来解释和梳理的,偏偏用了如此多的拐弯抹角。结果越阐释越让人糊涂,越描越乱。真正到了"中国人体味西方哲学,绕了太多弯子,进了一个大误区,结果总是隔靴搔痒,敬而远之。"①有些学人玩弄逻辑，把一个很简单的问题折腾来折腾去，自以为是什么高级难题，其实是经历过几十年别人已经研究成熟的学问，作者还津津乐道，实际是拾人牙慧，贻笑大方。大多数学术哲学著作有一个共同的逻辑框架：导言、章节、一二三、123、①②③、结论、致谢，等等。这些学术著作被划分的"结构清晰、逻辑完整"，好像是在申报项目，承包工程。其实，很多著作不需要出现三级标题，可以两级甚至一级标题即可，而趣味哲学实际上连贯一体，一气呵成，根本用不着那么琐碎的章节目录。要知道柏拉图的《理想国》只有一级标题"十卷"，所谓十卷也就是十个对话；笛卡尔的《第一哲学沉思集》的目录只有六个沉思加上六个反驳与答辩；维特根斯坦的《哲学研究》的目录只有一个序言加上第一篇第二篇两个篇目，其内容更加紧凑，全是格言式；现当代西方知名学者哈贝马斯的著作在标题上几乎很难找到琐碎的小标题。在中国也不乏其人，例如古代老子的《道德经》、孔子的《论语》目录都是很简单，思想却很丰富的经典。

（二）学术哲学的语言缺乏灵性和智慧

一般而言，学术哲学热衷于构建框架和体系，把一个本来就明晰的道理越写越多，越写越干巴，越写越无趣。如当下国内不少以职称为目的的著作和论文。笔者这里讲的语言的趣味不是俗世的快乐，不是一段小品或相声的直接的不假思索的快感和乐趣，而是思之乐。思考带来的快乐不是通过影像图像和声音带来的直接快乐，而是思的抽象和逻辑以及思之智慧语言的快乐。学术哲学也在构建一种逻辑框架，但大多是缺乏智慧的逻辑框架。框架臃肿，思路混乱并不体现趣味和智慧，因为不体现思之乐。前面已经提到，趣味不是空洞和无关概念的堆砌，而是有生命气息的彰显和吐露，是灵魂的绽出和开显。趣味是情感、梦想、疯狂、诗意乃至死。不像笛卡尔、黑格尔、费尔

---

① 尚杰：《归隐之路：20世纪法国哲学的踪迹》，江苏人民出版社，2008年，第3页。

巴哈,而是像福楼拜、波德莱尔、叔本华、尼采、福柯、德里达等的奔放,就像法兰西民族的浪漫。当然,笛卡尔的《第一哲学沉思集》、黑格尔的《逻辑学》等著作是概念的辩证推理,是严格的学术著作,但是并没有拒人于千里之外,因为欣赏其严密逻辑的连贯性本身就是幸福的事情。叔本华、尼采等人的著作就像文学化的哲学带给人思索,带给人震撼,带给人趣味和快乐。叔本华、尼采歌颂意志的本位,而诟病理性哲学的蛮横和死板;《共产党宣言》的文笔带给人们豪迈和冲动,马克思和恩格斯以散文式的口吻痛斥资本主义的罪恶,歌颂未来社会的自由与光明;海德格尔、萨特、福柯、德里达等站在后现代视阈解构传统哲学形而上学的虚妄;维特根斯坦用格言式语言批判了形而上学的"装腔作势"。奇怪的是,学术哲学喜欢把离我们遥远的可敬不可爱的东西当作学问,而对当下可感的与人密切相关的东西却视而不见。当代国内部分学者开了好头,他们开启了"诗化"学术之先河,例如,刘小枫的《诗化哲学》《拯救与逍遥》、周国平的《尼采与形而上学》等。换句话说,一般意义而言,人们喜欢有思想有趣味的哲学,而不喜欢空洞的没有思想又无趣的哲学,哪怕某种哲学观点是有瑕疵的,只要它能带来思的趣味,那么也会被人们欣赏,因为"有智慧的错误观点远比无智慧的四平八稳观点重要得多"①。

(三)学术哲学往往是流俗的或没有错误的废话

这种哲学喜欢打着"实事求是""理论联系实际"招牌任意把没有弄通的哲学理论强行嫁接到活生生的现实,可怕的不是理论联系实际,而是把没搞懂的哲学智慧强行联系实际,这就会闹笑话,甚至出丑。当某些人还没有搞懂笛卡尔的"我思故我在"的确切含义时就任意"活学活用",随意鹦鹉学舌般将笛卡尔这句名言当作主观唯心主义之时,不仅让人摸不着头脑,还导致

---

① 赵汀阳:《坏世界研究:作为第一哲学的政治哲学》,中国人民大学出版社,2009年,第5页。

贻笑大方。当有人把胡塞尔现象学的"回到事情本身"理解为实事求是还不算错误，更让人不可思议的是把"事情本身"仅仅解释为现实客观存在的一切，然后又把客观理解为实在物，更是错上加错。"1+1=2"在胡塞尔那里就是"事物本身"，事物本身不是指客观的实在物质。流俗地对事物本身的理解往往达不到对哲学理论本身的解释，结果就不可能进行"理论联系实际"。最为常见的一个错误是对马克思的唯物主义仅仅理解为现实的物质实体，导致庸俗唯物主义的泛滥。这种哲学语言经常出现长篇大论的没有任何自我见解的思想，往往是不偏不倚的没有错误的废话。这种哲学喜欢用哲学语言包装其为哲学，但通篇找不到哲学味道，没有哲学趣味，没有哲学智慧。

（四）学术哲学是一种断言，不能引起趣味

无趣的哲学大多是自说自话，祈使句用得多，命令式语言不时冒出来，扯虎皮扛大旗，吓唬别人抬高自己。这不是哲学。希腊哲学家把哲学当作"爱智慧"，爱智慧不是拥有智慧，而是"我知我无知"。正因为我无知，所以要终其一生去"爱"智慧，也就是追求思想，探究真理。真理不是摆在某个地方让你去找，找到了就一劳永逸，这是错误的哲学观念。要追求智慧，需要对话，需要去探讨、去理论、去辩论，这就是希腊哲人所理解的"辩证法"。英文"Dialogue"的原意就是对话和辩论，"Dialectics"来源于希腊文"Dialektik"。在希腊，没有经过辩论的观点是不值得信赖的，同样，没有经过反思的观点不会被哲学家信任。今天很多学术哲学只是一言堂，没有爱智慧的发问和答问，只有一个人的自说自话，没有人们可以提问的，也不容许别人去质疑和反思，这些构不成哲学思想，只是政治或生活常识。正因为如此，导致学术哲学拒人于千里之外。问题不在于没有思想，问题在于打着学术哲学旗号，在说着常识的流俗话语。爱智的哲学是趣味哲学，也是反思的学问；爱智需要对话，需要交流，需要碰撞出思想火花。思想碰撞的结果是豁然开朗，是相互包容，是求同存异。

（五）学术哲学是追求时髦的大杂烩

在信息爆炸的社会，有人不断变换花样，猎奇新鲜，寻找所谓"突破口"，追求时髦的研究话题。这种哲学往往产量很高，成果颇丰。当下，中国学界生存压力比较大，大学基本以科研为本，各高校都在竞争科研排名，所谓科研排名实质就是核心论文数量和高级别研究项目排名。以哲学社会科学项目为例，一般情况下，每年公布社科项目立项情况，那段时间，几家欢喜几家愁。因为社科项目立项一旦公布，马上就有排名，获立项目排前列的，学校几乎"敲锣打鼓"在网上奔走相告，立项少的甚至没有的高校，领导往往对下级指责有加。至于对核心特别是重量级刊物论文的追求，几乎可以用"趋之若鹜"来形容。为什么如此重视这两种样本的科研成果，而对非核心论文和低级别社科项目无关痛痒？根本上有两大原因：一是学校高层要有绩效，这种绩效就是一个大学成为"双一流"或者"单一流"的重要指标。因此以各种利益刺激每位教师去"做科研"；二是教师为了绩效完成或者超额完成，以核心论文和高级别项目为终极目标，极力寻找热门话题，构建一个所谓有"创新"项目申请书。为了共同的利益目标，从上到下，拿出三十六计去申报课题，包括找专家定题、把关论证、修改项目申请书，等等。

实际上，真正的学术不是赶时髦能做出来的，真学问需要坐冷板凳，需要扎扎实实的研究，需要精神的聚焦，需要长时间的"苦行僧"。所谓苦行僧生活只是一种比喻，实际上，真正做学问的人不会把哲学研究当成苦，更多的是乐。正如"一箪食，一瓢饮，回不改其乐"。笔者没有完全否定这种基金项目的学术价值，但对大部分基金项目的思想价值和趣味性保持怀疑。因为赶时髦，热衷热点问题，大多追赶一年一度的国家基金项目的立项容易被时代冷却，流行的毕竟是流行的，流行来到世间，流行也被世间淘汰。具有亘古性的思想学问不是一朝一夕能"做出来"的，真学问是学问人的"生活"，是"体味"，是思想者的"践行生命"。亚里士多德的《形而上学》、康德的"三大批判"、黑格尔的《逻辑学》、马克思的《资本论》等无不是思想家的生命践履所产生的。"那些踏踏实实耕耘于学术之一隅、又心领神会于存在之整体的作者，才是我们最珍视的力量。"①

## 二、趣味哲学的溯源

趣味哲学是有思想的哲学，是自由思想的结晶，是诗性写作的结果，是爱智探讨的余味，也是幸福满满的创造。

### （一）自由地思想

"自由地思想"就是发自内心的呐喊，自己心底的呼声。"自由"一词已经是饱受争议的概念，在某些文章中，自由甚至变成了反面含义。在中国道家传统思想界，自由有"逍遥"意味，与老庄的"无为"思想有直接的联系。这种自由即逃避纷繁现实，遁入纯粹的心境之中，一般认为这是逃避现实，但是这种无为不是简单地不实践、不做事，而是要求顺应自然、顺应现实。逆自然和现实的"为"还不如不为和"无为"。所以，如果我们从顺应自然的角度来看，道家的无为实际是"有为"。如果思想者本人对某个领域已经有了长期的跟踪、写作和积淀，也有了表达观点的激情，那么他诉诸笔端的文字和思想是流畅的，也是富有逻辑和情感的。否则，就没有写作的必要。这就是"无为"与"有为"之间的辩证法。如果是外界干扰或者强迫，这种作品要么是无灵魂的，要么是装腔作势的造作。在西方思想史中，"自由"主要有两个内涵，一个是以康德为代表所提倡的"意志自由"，二是以莱布尼茨和恩格斯为代表的"对必然的认识与改造"。作为意志自由，这种观点把人的意志当作人的最基本特征。意志是人的表征，是人之为人的基本，是人区别于人的关键。每个人

---

① 周国平：《尼采与形而上学》，新世界出版社，2008年，第1页。

都有意志,每个人的意志也是平等的。真正意义上的人是意志独立者,每个人生产的产品也是意志的结晶。同样,对于思想创作,也是意志的表露。康德曾经谈到"什么是启蒙",他断言"就是人类脱离自己所加之于自己不成熟的状态。不成熟状态就是不经别人的引导,就对运用自己的理智无能为力……要有勇气运用你自己的理智!这就是启蒙运动的口号"①。法国思想家萨特认为"存在先于本质",他把人的存在与物的存在进行了对比,指出了人的存在与虚无的关系,彰显了人的存在指向了未来,而物的存在是没有历史的,是千千万万存在者。其内涵是指人是开放的动物,是包含无限多可能性的存在。人没有一个不变的本质,物却有一个不变的本质。对于物而言,是"本质先于存在"。一个拥有自由意志的人,其创作也是自由的创造,作者会跟着自己的内心和思想去自由表达其思想,写出发自内心的文字。至于莱布尼茨、恩格斯的"自由"观,是另外意义上的自由,在此不做解释。

(二)诗性地写作

"诗性"与前面讲的"自由"直接关联,有自由才会有原始状态的情感和意志的奔放,就像弗洛伊德的"力比多"。可惜,弗洛伊德认为"没有压抑就没有文明",实际上,在欧洲文明史上,很多学者持相反的观点,马尔库塞就认为"没有压抑才有文明"。没有压抑就意味着自由,自由意志情况下的写作是自由意志的迸发,就像一条奔涌的大河,我们从不见过它的源头,但能看到其汇聚一起的壮观;也像尼亚加拉大瀑布,你看不到它的来源,但能看到它一泻千里的奔涌。中国唐宋诗词的繁荣与那个时代的创作者自由意志有直接关系,由于发挥了自由意志,其心境透亮,诉诸笔端的文字有些是优美和奔放的,有些是给人沉思和回味的。诗是艺术品,艺术品不是一般的物,它更主要是寓意和象征。在法兰克福学派学者本雅明眼里,艺术品能让人"震惊",

---

① [德]伊曼努尔·康德:《历史理性批判文集》,何兆武译,商务印书馆,1995年,第22页。

一本正经的物只能让人产生心神"涣散";在海德格尔的作品中,习惯与艺术最大的不同在于,习惯只是常识,缺乏灵性,是按部就班的生活,而艺术能产生陌生感和惊奇。常识是生活,写诗是创造。所以海德格尔呼吁人们回到前苏格拉底时代。"除了物性以外,艺术品还含有寓意,它是某种象征。"①诗是最高的艺术,因为诗敞开了原始性,敞开了任意性,它是真正的语言,是具有"野性的"语言,是起始于内心根底的不懈迸发,诗不是一般意义上的交流语言。在海德格尔那里,人的自由有四维性,就是"天、地、人、神",在这个空间中,人们"诗意地栖居",诗就是无言,就是隐蔽,就是敞亮,就像"林中路"。

（三）爱智的辩证

从原初含义来看,辩证法就是辩论的方法,就是通过辩论达到真理的方法,开创于古希腊苏格拉底时期。苏格拉底把辩证法当作达到真理的"助产方法",认为真理本来就在人们头脑中,只需要通过辩证法诱导人们回忆,获得自己本来已有的真理。当然,苏格拉底认为人们不可能达到真知,至多是逼近真知,神才拥有真理。当苏格拉底确认"我知我无知"的时候,就开启了追求真理的漫漫之路。真理不是我们获得之后一劳永逸的事,真理始终是在路上,永不停息地追求,人生就是爱智的历程。从亚里士多德开始,把辩证法当作了形式逻辑的推理过程;康德把辩证法当作贬义词,是一种背反,即当理性僭越范围想踏入现象之外之始,就出现了悖论;黑格尔认为辩证法是整个世界的规律,整个世界就是绝对精神辩证演绎的结果,绝对精神对象化为自然和社会又回到绝对精神,这是一个痛苦的对立统一过程,是一个自然和世界历史形成的过程。辩证法的实质和核心就是"矛盾"。

在当下中国,辩证法有被庸俗化的倾向。有不少学人随意把"两点论""全面的观点""对立统一""一方面,另一方面""积极性,消极性"到处张贴,

---

① Heidegger, *Chemins Qui Ne Menent Nulle Part*, Gallimard, 1962, p.15.

四处标榜，好像有这些词句就掌握了辩证法。"当我们毫无例外地把一些问题简化为'一方面'和'另一方面'的时候——当我们论证一些问题空洞地强调'作用'与'反作用'的时候——当我们谈论现实状况习以为常地指出'成绩主要'和'问题不少'的时候——当我们评论各种人物及其理论千篇一律分解为'贡献'和'局限'的时候，我们是否会联想到恩格斯所批评的'官方的黑格尔派'？我们是否警惕自己把'辩证法'变成了'变戏法'？"①实际上，无论在古希腊，还是马克思主义那里，辩证法来源于事物本身的矛盾和对立统一，而不是把任意两个不相干的或者没有发生联系的事物强行贴上相互联系的标签。如果人们把辩证法当成工具箱里的工具可以随意拿出来使用，辩证法就成了变戏法，这是辩证法庸俗化的典型表现。

真正的趣味哲学来自"好奇"，来自"反思"，来自"追问"，这些是爱智慧的基本特质。特别是不断的"追问"，不断"反思"，不断"辩证"，真理才越来越明，世界才会越来越敞开，世界才会向我们开显。

（四）酒神的张扬

苏格拉底以后，哲学走向了理性化时代，亚里士多德直接表明"人是逻各斯的动物"。所谓"逻各斯"，就是说话，就是神的话语，就是真理。人不能代替神，但分享了神的智慧，所以人也是能够表达、说话、阐述问题的动物。从苏格拉底一直到古典哲学集大成者黑格尔，理性一统天下也容不了怀疑和挑战。黑格尔著作里面没有非理性和偶然性的位置，也没有"异域"的哲学位置，他对康德标榜的"批判哲学"是怀疑和批判的。在黑格尔前面两千年时光中，理性精神高度膨胀，人已经是理性的工具，几乎所有学问包括经济学、政治学、社会学、法学、历史学等都冠以理性之名。经济学把人当成经济人，即追求物质利益最大化；政治学把人当成"城邦的动物"；社会学把人当成"阶

---

① 孙正聿：《马克思主义辩证法理论的当代反思》，人民出版社，2002年，第4页。

级利益的代表";法学离不开"产权和物权分配";历史学把历史当成规律运动的围绕"权力"争夺的庞大机器。

叔本华、尼采以后,哲学打破理性一统天下的局面,"非理性"和"偶然性"思想抬头,历史不再被完全看作是线性的和封闭的圆圈,历史越来越出现了"断裂""缝隙""机遇"和"偶然"现象。"原始""本能""快乐""冲动""歇斯底里"出现在"意志哲学""生命哲学"者的著作之中。从此以后,叔本华、尼采、海德格尔、亚斯贝斯、萨特、福柯、德里达等后现代哲学家登上了历史舞台,甚至马克思思想都成了现代和后现代争议的对象。

尼采把"本能""原始""权力意志""欲望"等现象称作"酒神精神",酒神精神就是狄奥尼索斯精神,其与狂热、过度与不稳定联系在一起,与日神精神及阿波罗(日神)精神相对立。在《悲剧的诞生》一文,尼采用酒神精神打破太阳神的支配,从而使人的精神达到平衡。日神象征阳光、透明和理性;酒神象征本能、冲动和情绪。两千多年理性精神的支配导致人的工具化和封闭化的直线历史道路,也导致人们成为理性的支配木偶,把人的丰富性丢得干干净净。实际上,人毕竟也是自然的一员,他有七情六欲,也有生老病死,有理性的计划,也有迸发于心底的欲望和意志。抛开人的非理性一面,强调理性动物一面,导致的结果是"人的非人化"。

## 三、趣味哲学的林中路

所谓"林中路",是借用海德格尔一篇文章《林中路》的标题来谈趣味哲学的方向。海德格尔晚年放弃了对行动的现实世界的关注,专注于哲学。他认为哲学史是一系列哲学家和哲学思想构成的过程,哲学家生活在此,其他人生活在社会中。他把自己当作守林人,看管树木,森林是哲学史,自己在看管树林,与树木交流,寻找前人走过的小路。实际上,海德格尔是在前人基础上,探索自己的哲学思想。为存在的人或者人这个此在找到原初状态的家。

现实中的爱智工作者如何维护哲学这条林中路呢？如何让哲学成为它原有的样子或者至少还是爱智慧的趣味哲学，有思想的哲学，而不是庸俗化的为现实一切辩护的任意剪辑和阉割的所谓真理？

（一）汲取批判哲学的精神

哲学的本性就有批判意味。真正思想家总是发现现实思想的问题，总是看到人世间问题的根源。苏格拉底就开启了对现实思想的反叛，导致雅典城邦公民把他当成了"异类"，从而招致杀身之祸。康德直接标榜自己的哲学是批判哲学，从而花数十年工夫撰写出"三大批判"哲学，分别指明了"我们能认识什么""我们能做什么""我们能希望什么"三大问题，从而为知识论、道德论和美学问题找到了他认为的坚实奠基。康德豪迈地认为"理性只会把这种尊重给予那些经受得住它的自由而公开检验的事物"。黑格尔的批判发现了精神的自我实现；费尔巴哈的批判找到了基督教的本质是人自我异化的结果。马克思与尼采的批判使哲学走上两条道路，前者维护了理性的逻辑之路，但不失批判哲学的趣味和思想；后者走了另外一条路，即歌颂本能、意志、生命意志等非理性道路，也有其自身的趣味和哲理。黑格尔以后的哲学都踩在黑格尔的思想头上进行自己的探索，都发展了哲学，守护了林中路！

马克思的批判很有现实性和当代性。虽然《共产党宣言》的发表距今已经170多年了，世界历史发生了翻天覆地的变化，东欧剧变，全球化在波折中继续推进。今天，历史进入到"世界百年未有之变局"时期和后疫情时代，但是资本主义世界的本质还真没有发生根本性变化。马克思批判主题和目标任务是"在那里，每个人的自由发展是一切人的自由发展的条件"①。这个终极目标还在激励着真正的思想家和具有现实感的批判哲学家。因为，在今天，虽然资本主义世界已经发生了巨大的变化，但是饥饿、贫困、两极分

---

① 《马克思恩格斯文集》(第十卷)，人民出版社，2009年，第666页。

化、战争、经济掠夺等还是资本主义世界的通病。所谓"历史的终结"也是一个世界级别的谎言，在今天可能连这句话的作者福山都已经不相信了。同样，当代中国毕竟是全球化的链条之一，也是市场经济国家的一部分，资本主义的因素还是中国市场经济的很重要的一部分。如果忽视这部分而只是强调中国与资本主义的差异以及中国特色的伟大，就会错过很多客观存在的问题，有些问题是世界资本主义的共性。今天，建构很重要，但是对一些尖锐问题的批判也很重要。反映在爱智慧的哲学群体中，需要真正的思想者去体味、去发掘、去揭示和批判。如果说欧美资本主义发生翻天覆地的变化是资本主义在应付社会问题基础上不断调整其统治策略而产生的，在某种意义上不得不说是与马克思等学者所从事的批判是分不开的。当代中国社会的伟大变迁是伟大的中国共产党带领人民群众在改革开放实践中得来的，也是有良知的知识分子在超越的理念基础上批判、阐发基础上推动的结果。改革开放前后对"实践是检验真理的唯一标准"的讨论和批判是中国当代史的伟大思想解放事件。

以赛亚·伯林曾经这样批判他所面临的知识分子："知识分子华而不实和情感主义与资产阶级愚钝不化和自鸣得意同样令人厌倦。……前者好像是毫无目标的翘舌胡吹，远离现实，无论其是真诚的还是虚假的，都一样令人讨厌；后者根本就是虚伪，自欺欺人，由于着迷于追求财富和社会地位，对时代突出社会特征视而不见。"①这对我们今天某些学术哲学工作者来讲，是否也有启迪作用呢？

(二)营造宽松、包容的氛围

哲学是时代精神的精华。作为精神精华的哲学出自哲学思想家爱智的结果。"思想家是民族的宝贵财富"②。如果一个民族没有伟大的思想家，即使

---

① [英]以赛亚·伯林：《马克思传》，赵干诚、鲍世奋译，台北时报出版公司，1981年，第17页。
② 俞可平：《走向善治》，中国文史出版社，2016年，第169页。

其经济再怎么发达，在思想上仍然是矮小的民族。中华民族之所以伟大，不是因为历史上中国经济有多发达，军事有多么强盛，疆土有多么辽阔，而主要因为灿烂的中华文化。中华大地上产生了闻名世界的伟大思想家，他们为中华民族构建了伟大的思想体系，使中华民族有自己的文化价值和民族灵魂。孔子、孟子、老子、庄子、韩非子、墨子、司马迁、王充、黄宗羲、顾炎武等先哲就是世代相传、闻名遐迩的智者，是中华民族立足世界民族之林的重要价值和思想符号。

思想家的产生需要包容的文化教育环境。同样，趣味哲学的产生也需要宽松包容的文化教育环境。如若急功近利，想快速突破，很难有成效，至多产生了科研数量，很难形成真正的思想产品。当下，部分高校想快速出成果改变在高校竞争中的不利地位，出台了一些科研兴校计划，尽管感情上可以理解，但是往往事与愿违。因为，科研也要遵循规律，是靠一代代人积累和推进的，而不是简单推行几个计划就可以立竿见影的。文化思想是民族的灵魂，是民族的血脉，是具有稳定性和持久性发挥作用的综合国力的体现，如果把思想文化当成经济产品来推进，将欲速而不达。

科研和文化教育单位，可以给文化工作者降降压，遵循教育和科研规律，让其慢下来，俗话说"慢工出细活"。保证科研、文化教育工作人员把工作做细做好，保证他们在宽松的科研环境下有尊严地生活。也许经过长期的积累，会产出一系列哲学和文化经典。反之，如果急功近利，要求快出成果，要求"飞跃发展"和"弯道超车"，就容易导致高产出而低质量，甚至会出现为了一时名利而走向学术不端。这是学者自身的损失，也是国家教育的损失。

近年来不少高校出台了一些好政策，例如划分不同职称系列，包括科研型、教学型、综合型和思政型等，教师可以根据自己的特点去展示专长。就不需要全体教职工都去做科研、争项目、发论文、弄专利。

所以，从上到下打造一个合理的、符合科研规律的环境，促使真正科研的产生就显得尤为重要。哲学工作者需要一个既能出好成果，又能奖勤罚懒的体制。这就需要科研管理者打造一种宽松、包容、活泼又紧张的弹性的科研氛围。

（三）激励高贵意识与反思意识

搞科研需要坐得住，耐得住寂寞，哲学工作者尤其如此。如果我们只把学术哲学怪在科研管理者头上显然不公正，因为学术工作者自己本身的问题也是非常重要的。一个安心教学和科研的哲学爱智者，他不会太在乎环境的影响，他只关注自己的教学是否深受学生喜爱，关注自己的科研成果是否得到同行的客观实际的评价。实际上，在国内，有部分哲学学者具有真正爱智的态度和精神，他们有的在某些领域做出了显著的学术成就，而且具有公共知识分子的某些倾向。华中科技大学邓晓芒当年在武汉大学花十年时间翻译出版康德的"三大批判"，他第一个从德语翻译过来，具有原始和纯粹性，在国内影响很大。现今，邓晓芒被公认是国内最有影响的康德思想研究专家；中国社会科学院研究院赵汀阳被认为是国内少有的具有原创性的思想者，蜚声国内外，进入 21 世纪，赵汀阳的《坏世界研究》《每个人的政治》《论可能生活》《第一哲学的支点》等著作深受读者欢迎；首都师范大学的陈嘉映以其轻松冷幽默的口吻展示了哲学的强大功能即"说理"特征，其《说理》《科学·哲学·常识》等著作在哲学爱好者中广为流传；清华大学任建涛在过去 20 年左右时间的刻苦思索和创作中，为政治哲学做出了很大贡献，他的《社会的兴起》《政治哲学讲演录》《建国之惑》《拜谒诸神》等著作影响深远，还有张世英、万俊人、许纪霖、张一兵、欧阳康、孙周兴等学人，为中国哲学爱好者带来了较多经典的思想作品。为什么这些学者能够在自己的研究领域打开一块天地，根本原因就是具有爱智者的一些基本特质：勤奋刻苦和保持了哲人的高贵意识。一般而言，哲学起源于闲暇，需要一定的物质基础，但是历史上很多哲人没有较好的物质也没有放弃哲学事业，例如，赫拉克利特本来可以做国王，但是他为了哲学，放弃了，最后死在牛栏里；亚里士多德不愿辅佐他的学生亚历山大,而要求学生给他带回动植物标本;前面我讲过的很多国内学者他们没有为了功利忙于课题论文,而是潜心研究,最后出了不少有影响的哲学成果。

一句话,真正的哲学学者具有高贵意识。如果没有高贵意识,就无法支撑他们数十年的冷板凳和孤独学术生活。学问是高贵的,需要一种超越意识。邓晓芒认为:"哲学是高贵者的事业,是和神打交道。……追求真理的人千万不要把自己当成等闲之辈、贩夫走卒。"①

反思就是把自己当成对象进行思考,动物是没有这种能力的,只有人才具备这种反思意识。对自己进行反思首先就有一个重大哲学问题:人生的意义。我的意义是什么呢?我之所以还活着,本身就意味着我还是有意义的或者有价值,否则就走上了虚无,自杀就是走上虚无的重要一步。当反思自己的意义和价值时,就会带来死亡问题的反思。反思死亡就是逼近人生底线,直逼虚无,让人恐惧。人生短短几十年,怎样才算有意义地活着是一个哲学问题,柏拉图曾经说,学习哲学就是练习死亡,这句话本身就有重大的哲学意义。哲学家带着这样一个反思去工作、去爱智、去探寻意识的生活,所以真正的哲学问题是人的问题,是生活问题。哲学是一种生活方式,是对自己生活的反思。对于哲人而言,探讨生命和死亡问题就是自己的工作,是自己的存在方式,精神探索本身就是一种快乐,思的快乐是持久的。

---

① 邓晓芒:《邓晓芒讲演录:哲学与生命》,长春出版社,2012年,第31页。

## 第三节 回归生活世界的教育

### 一、生活世界与生活世界的殖民化

借用德国思想家哈贝马斯的"生活世界的殖民化",谈谈当下中国高等教育的核心问题。读过哈贝马斯的《合法化危机》与《公共领域的结构转型》等著作的读者基本可以了解到"生活世界的殖民化"这一概念的内涵。哈贝马斯认为,现代性以来,人类社会进入了转型时期,这个时期实际就是马克斯·韦伯提出的"合理化"时期。也即现代性,就是现代化时期,也是合理化时期。这个时代各个领域追求"理性",理性又依赖古希腊"逻各斯"思维的推进;这里的理性是韦伯观念中的"工具理性"。之所以提到工具理性,是因为现代性导致价值理性的边缘化。如果把一个国家划分为三大系统,即经济、政治和文化系统,那么可以说,现代性在经济领域就是经济的合理性化,或者说经济的最大效益化,就是经济上追求利益的最大化,表现为西方的经济学的自由主义学派;现代性在政治上体现为韦伯所谓的"官僚科层制",为了适应现代社会经济文化等发展的管理官僚机构和机制,表现为现代行政管理的官僚体系;现代性在文化上体现为社会价值观念的功利化和工具化,表现为文化、社会和个性三个层面。把文化、社会和个性统一起来就是哈贝马斯的生活世界。这样,我们可以进一步把经济和政治系统归结为"系统世界",而把文化、社会和个性统称为"生活世界"。所以,生活世界表达的是文化生活领域,而经济和政治权力属于体系或系统。所以,哈贝马斯说:"把社会同时作为体系(系统)和生活世界来加以构思。"①

什么是"生活世界殖民化"?生活世界殖民化就是系统世界对生活世界的侵袭和干扰，就是市场经济的效益原则和政府的官僚科层制对私人生活领域和公共领域的侵入。私人领域与文化公共领域过去遵循的非市场化和非工具性原则，在现代性后，这个领域逐步沦陷为理性化和官僚化的副产品，使得公共领域和私人生活失去了文化、道德意蕴，整个社会变成了科学意识形态的一统天下。所以，哈贝马斯称之为科学技术变成了现代的"意识形态"，而生活世界内部却逐渐淡去其自我调节能力。生活世界的殖民化展现为文化层面的特征是，文化逐渐被市场规律控制，文化按照利益原则进行生产和制作，文化已经是市场消费品，大众文化盛行，文化表现为平面化和平均化，以满足于市场的逐利原则和大众的自我陶醉；生活世界的殖民化表现在社会层面主要是，社会调节模式被系统规则取代，人与人的主体间性难以直接体现，以对话为中介的商谈模式逐步退化，人与人的关系往往按照官僚科层制来规范和管理；在个性方面，由于私人领域遭到系统规则的侵袭，人的批判性淡去，变成马尔库塞理论中的"单向度"的人，即爱别人所爱，恨别人所恨，想别人所想，做别人所做，这也是阿多尔诺眼中的"平均状态"的人，也是海德格尔心中的"常人"。

为了避免生活世界的殖民化，哈贝马斯设计了"交往行为理论"，也就是商谈学说。通过交往行为的合理化达到生活世界的正常化。哈贝马斯说："金钱和权力既不能购买也不能排斥团结和意义。"②进而，哈贝马斯分三步来解决生活世界殖民化问题。

第一步，制定共同的规范标准，这个标准必须具备两个特征：一是普遍化原则，即所有人接受这个原则可能带来的价值影响和利益格局，所有人必须

① ［德］尤尔根·哈贝马斯：《交往行动理论》(第 2 卷)，重庆出版社，1994 年，第 166 页。

② J.Habermas, *The Philosophical Discourse of Modernity*, Cambridge：Polity Press, 1987, p.363.

自愿接受。"一个规范有效性的前提在于:普遍遵守这个规范……"①二是话语原则,规范只有得到所有受影响的人的同意,并且他们有能力作为话语的参与者,才是有效的。主体间性是哈贝马斯特别重视的交往行为理论,也是人们普遍接受的规范。所谓主体间性就是打破现代性提倡的主客体思维,提倡人与人之间的主体与主体关系思维,这就是平等主体的平等话语理论。主客体思维是近代认识论哲学的核心观点,其思想核心就是彰显主体的中心地位,以客体作为中心的外围,客体就是主体对象化的对象和结果,也是彰显主体能力和主体地位的表征。客体按照主体的目的和取向去改变、适应主体的需要和目标,所以客体越适合主体就越体现主体的强大和自我地位的凸显,否则,主体的地位就没有被抬出来,也就没有了主体性。所以,主体是通过客体来凸显和表征的。在这样一种思维观念下,主体与客体、灵魂与肉体、思想与物质、人类与自然这些二元关系,在近现代思维中往往是抬高了前者,贬损了后者。这种思维萌芽于古希腊苏格拉底以后,特别是柏拉图的理念与现象关系中,柏拉图极力强调理念的主导性和对现象的真理性,而现象只是一种理念的模本,是真理的影像,不是真理本身。主客体思维延伸到国际政治,表现为欧洲中心主义,第三世界作为欧洲的外围,遭受侵略和奴役;延伸到国内政治,男权主义非常严重,即男人对女人的优越性。在不少国家,重男轻女的现象依然严重,男人中心主义,大男子主义危害已暴露得淋漓尽致。所以,哈贝马斯提出的主体间性理论对于主客二分的近现代思维有很大的冲击性,对于反思现代性弊病有很多积极性作用。

第二步,选择恰到好处的语言进行对话。海德格尔说过,语言是存在的家。语言是人们心灵的摹写,心灵的表现主要是通过语言的表述和交流进行的。因此,所谓交往不外乎是人与人之间的语言交流,离开了语言,交往无从谈起。要实现交流的正常顺利进行,需要语言的领会性、真实性、正当性和真

---

① [德]尤尔根·哈贝马斯:《包容他者》,曹卫东译,上海人民出版社,2002年,第42页。

诚性。也即,语言要有基本的语法结构,否则无法交流;语言要真实可靠,就是语言符合事实,否则空话连篇让人生厌,会造成交流障碍;语言还要符合社会规范,否则就会失去正当性;最后就是语言需要真诚性,即说话要有诚意,不能是无所谓状态。

第三步,建立健康的公共领域社会。健康的公共领域社会是一个小政府大社会的政府与社会关系,这种健康社会来源于健康的交往社会。健康的交往社会就是前面提到的交往伦理社会对政府的影响和施压,从而使得政府尊重公民的正当权利, 也可使公民个人与国家之间有一个健康的公民社会来中介个人与国家之间的关系。在公共领域,人们可以培养出健康的人格和政治文化,使国家政治和经济发展具有良好的文化根基和人文底蕴。

## 二、教育生活世界的殖民化

对教育生活世界殖民化的简单理解就是系统对教育生活世界的侵入,使教育文化世界受到背离自己领域规律的干扰。笔者首先需要表明的是,任何制度下的教育文化生活世界都或多或少受到系统的侵扰,即权力和金钱的干扰,但有一点需要肯定的是,西方发达国家因为是内生性民主社会,它们的现代化过程往往是自生自发出现的, 因此在教育与政治关系领域出现了自然的政教分离,表面看来,政治权力系统对教育生活的干扰较少,但是市场经济的逐利规律由于发达的市场经济原因不能不把经济效益原则带进教育生活世界。另外,政治因素对教育的入侵也逐渐增加,发展中国家也体现出了这些特征,当然处于社会主义初级阶段的中国也存在这些情况。

（一）从权力系统来讲

任何政权不可能不领导各项事业, 同样对于教育必然施加影响力,以推进和增强意识形态对国民的影响力,从而维护阶级统治或者社会秩序的稳定。中国特色社会主义性质的政权同样需要对各项事业的领导,党和政府必然要领导和发展中国教育事业。所以在领导教育事业和促进教育发展的同时,也会带来哈贝马斯所认为的教育"生活世界"殖民化问题。当然,其性质有所差异。毕竟社会主义中国的教育问题是人民利益一致基础上的问题。当然,既然问题存在,就要探讨。问题出在现实操作层面,中国教育行政部门对教育生活的过多不必要的过细领导,有些教育管理机制出现了不适宜教育健康发展的倾向。例如,高校的行政化倾向非常明显,高校几乎采纳了政府那一套管理模式。这样一套与政府机关对接的行政官僚制度的确有利于对教育的管理,问题是这种管理很难适应教育发展的特殊性。西方发达国家由于内生的政教分离环境,所以产生了一种教授治校的体制,专家管校和治校容易自然生成。而在中国,由于高校的行政化,学校实际就是政府的一个附属机构,高校的用人是按照政府的方式来进行选拔或者举荐的,在举荐和任用的时候往往考虑的是校长和书记的政治和行政经验,而较少考虑其专业学术水平,这样就可能进一步阻碍校党委班子录用高水平的中层管理人员,也进一步阻碍中层干部选拔高素质教职科研人员的可能。当然,不可否定,不少高校的正厅级领导还是有较高的学术素养和专业水平的,但正如郑永年先生认为的:"很多教育界官员尽管有专业背景,但屁股指挥脑袋,一旦走上官场,就俨然变成官僚。而让官僚来管理教育必然导致教育体制官僚化。"[①]不是说,权力需要完全退出学术领域,将权力全部交到大学教师和研究者手里也不一定就能解决权力殖民化教育的问题。日本和德国在教育现代化过程中,也没有放弃权力的介入,关键是如何使用权力对教育进行改革和发展。

在中国,教育行政化后,教学和科研基本交由行政权力管理,从教材的使用,到课程的选择,再到对教师课堂的评价基本由行政说了算;从项目的

---

① 郑永年:《保卫社会》,浙江人民出版社,2011年,第239页。

确定,到经费的多少,再到项目的归属主体也是教育行政部门说了算;从科研量确定,到科研质量的衡量,再到项目课题和论文的级别确定,基本由高校行政部门或高校主管部门决定。这样一套管理模式实际也是现代性在官僚管理系统方面的产物(马克斯·韦伯),不过体现在教育世界就是一种系统对生活世界的殖民化。因为,当教育文化系统也用经济和政治的一套管理模式,将对教育文化产生很多负面效果。表面看来,这样一套严密的管理模式方便了管理,使得管理有条不紊,井然有序,但另一方面,教学与科研却被管得死气沉沉。教育的主体教师没有主动性,被动应付教学科研的数量和质量,而学生主体变成了这套管理体制下的整齐划一的产品,与商业生产模式非常相似,教育的特殊性即培养健康体魄和人格的目标显得有些苍白。平均化和整齐划一的教育可以规训出合乎学校要求的教职工,很难产生健康精神气质的思想者;同样,平均化的和整齐划一的管理,很难产生适应社会的健康有专长的人才,反而容易出现整齐划一的平均状态的人(霍克海默)。

(二)从金钱或经济系统来讲

一般意义上讲,教育要为社会主义服务,要为现代化建设服务,但反映在当下现实中的是,中国教育系统受到市场机制影响很大。不可否认,中国教育发展为现代化建设做出了很大贡献,但教育系统本身的金钱化和利益化,遵守市场化机制不能不让人们担忧。在科研方面,高校希望教职工产出高质量的有影响的论文无可厚非,但在管理操作上,变成了划定期刊的层次来体现科研工作者的科研水平,也就是,在不同级别的刊物发表文章体现了不同级别的学术水平。最后就异化为,看期刊不看论文本身的学术性和思想性。至于课题项目也一样,只要有教师申请到课题,拿到经费,你就是人才,申请不到经费,再好的研究也无人问津。正如有学者指出的"没有创新成分或创新成分很小的项目得到了巨大的财务支持,而真正需要资助的创新项目得不到支持"①。在职称方面,职称评审制度与科研紧密相连。现在是只要有基金项目,就有晋升职称的希望,否则免谈。看上去很公平,但实际上问题不少,因为它排除了部分教学能力很优秀、有论文却没有项目的教师晋升的可能性。在教学方面,在今天的本科高校,教学被边缘化,一切看重科研,论文和课题已经是一个老师的看家本领,否则教师也被边缘化。这样导致的结果就是,教授不想上课,因为他有科研就可以拿到较高的收入。而一般教师只有靠上课获得利益的补充,很多教师变成了上课的机器,某种意义上就是体力劳动者,这样的教学体制怎能培养出高质量的人才?按正常思维,科研能力越强,职称越高,越需要承担本科教学工作,特别是一般本科院校,学生真正学到知识,得到启发的恰恰是教学过程,而科研能力的提升对于普通本科院校学生来说显然是过于强求了。现在高校较大的问题就是无论什么层次的学校,一窝蜂以科研为标杆,各高校对教师的评价标准核心也是科研,职称聘任的标准是科研,什么层次人才(什么学者)评审的依据还是科研。不是不要搞科研,而是科研有科研的规律,科研有需要搞科研的人才层次,科研有科研的学校层次,科研不是大跃进,想进入什么层次就进入什么层次。几乎全部本科院校都以科研为核心,或者以教学科研型大学为名实际上还是以科研为核心,这种科研教学管理模式最终折腾的结果是,教授越来越不想上课,教学水平没有提升,学生越来越感觉到学不到东西,上课越来越没有价值,普通老师越来越得过且过,给高校培养创造性人才带来了负面的影响。

也许有些管理者会认为,没有科研哪里来的优秀的教学?看似正确,问题是当下的科研环境存在不少体制性漏洞。由于行政化问题比较突出,教育事业单位实际上就是政府的附属机构。科研经费的分配权是比较集中的,实际上就是由各级政府主管部门进行分配。如果加上一些主管部门或者实际

---

①　郑永年:《保卫社会》,浙江人民出版社,2011年,第232页。

掌管经费使用者的寻租和牟利,最后科研质量情况就可想而知了。在这样一种体制下,科研能力的评价很难科学推进,只从数量和成果获得上来划分,这就有违背科研规律之嫌。进而,在这样氛围之下的科研评价机制如何真正体现人才的"顺淘汰",而不是"逆淘汰"?幸运的是,当下出现了不少改观,不少高校对于职称的评审进行了科研、教学、综合、思政性等的分类,体现了公平原则。

# 三、路在何方

由于行政权力和经济规则对教育文化的渗透,教育生活世界殖民化产生了,这方面在当代中国表现得较为明显。现代性一个明显特质就是理性化和工具化,这方面中国并不落后,甚至产生了更为细化的量化统计标准。在当下中国,衡量一个大学水平的指标有很多:一年内发表刊物 ABC,课题项目分国家级、省部级、地厅级、校级,院士、长江学者、首席、特聘教授数量,博士学历教师,博士点、硕士点、博士后流动站数量等,这些往往变成了大学优劣和层次高低的标准,大学也因此相应地获得教育经费的投入数量。最后高校管理者围绕这些计量标准进行高水平大学建设和规划。高校领导也围绕这些指标进行规划布局,大部分精力消耗在这些数量化的标准中。习近平多次提出反对教育界的"五唯"现象(唯分数、唯升学、唯文凭、唯论文、唯帽子),当代中国学者邓晓芒指出:"在我看来,所有这些都要溯源于中国大学衙门化的管理体制。"[①]

教育生活世界殖民化的第二个严重后果就是,教育目的的背离。教育本来是培养社会需要的人格健全的人,现实出现了教育产业化并且扩张趋势。当政府把教育这个民生领域作为负担而放弃,交由市场而使其产业化时,教

---

①　邓晓芒:《邓晓芒讲演录:哲学与生命》,长春出版社,2012 年,第 180 页。

育开始追逐经济利益就显得越来越突出。在不少城市，免费的公立学校提供的教育质量下降，而教育质量较优的学校恰恰是收费极高的私立学校。从这方面可以窥见：作为公共服务的教育实际只是提供一个最基本的受教育的保障，而优质的教育离普通家庭越来越远。当然，从 2022 年开始，国家出台了一系列政策，遏制中小学教育私立化的趋向，小学生根据户籍、住房和学籍等实行严格的摇号入学，践行了"公正、平等"的社会主义核心价值理念，使教育的民生性质不断凸显。

面对教育生活世界殖民化的现状，我们的出路何在？知识分子或许会用带有很强抽象性的方法去谈问题，并提出解决问题的路径，而很难提供具体的可操作性的方案，而具体的操作方案需要寄托相关的教育主管部门。

（一）关于教育去行政化的问题

一直以来，每每谈到教育改革，总会有一种声音，即应该推行教育去行政化。前面已经分析了教育行政化问题的危害，最大的问题就是教育行政机构对教育的各方面的支配，使得教育本身的规律难以体现。特别是教育行政化导致非专业行政官员进入高校从而支配了学校教学、科研的发展，往往让高校教育行为脱离了教育规律，离开了大学真正的办学理念。在一个政教没有分离的社会，教育完全去行政化是很难实现的，也不可能实现。问题是，政府主管部门如何减少对教育部门的全方位管控，尽力放权。实际上，政府的教育责任主要是负责教育经费的划拨，教育总方向的把控，教育制度的设定，至于具体的教育理念、教学安排、课程设置、学科规划、科研机制、人事安排等，应该交由高校自身去处理。在目前大环境不能完全改变的情况下，完全实现去政治化不现实，也不利于教育的发展。因为，高校校长和党委书记一旦失去了行政级别，那么其更难以参与到这个级别的领导干部的教育决策，教育经费及其他重大决定更加无权参与决策和协商，高校教育将更加会被边缘化。所以，当下更紧要的是上级主要行政部门如何提拔专家型、并且有教育管理能力的领导担任学校的校长或者书记，而不只是考虑其行政经验和能力。重视高校领导的专业学术背景，教育毕竟有其特殊的发展规律，不能大而化之地与行政机关的管理方式雷同。否则，管理者也不适应，教育发展也会受到损害。一般而言，大学校长和书记应该具备教育家的特质，如果只有专业领域的学术特长，也难以办好管好高等教育。

（二）关于市场规则对教育的侵入问题

教育属于公共领域，是任何政府都该担当起来的民生福利，无论西方还是东方，也无论是发达国家还是发展中国家，都应该切实解决教育民生问题。在当下中国，教育问题集中在教育公平方面，又表现为教育的城乡差距扩大问题、教育的经费投入问题、留守儿童受教育问题以及教育产业化带来的问题等方面。而教育产业化政策实际上是政府放弃教育推向市场，从而减轻政府财政压力促使学校竞争的政策。这个政策来源于 20 世纪 90 年代末期，结果是私立学校增加了，政府的财政压力减轻了，但是教育的不公平现象逐渐凸显。导致贫困家庭上学难问题，教育机构的逐利化倾向越来越严重，教育已经是向企业化运作前进，社会反响极大。由于产业化的推行，在不少城市出现了私立学校，这些学校的出现是公立教育的良好补充，缓解了公立学校的压力。但是由于私立学校的逐利行为恰恰提升了其办学条件，使其教育质量大大提升，而大部分公立学校反而变得落后了。实际加剧了教育的不公平。一方面是大多数普通家庭只能选择免费公立学校，而富裕家庭可以选择条件优越的私立学校，从孩子未来发展的角度来看，显然后者高于前者。加上本来就存在的城乡教育的差距，使得教育差距越来越大。近年来社会上流行的"寒门难出贵子"就是这个道理，虽然好像有点偏激，但反映了基本情况。

当然，任何国家对这种情况都不会不管不问，近来，中国推行了一些好的平衡教育不公的措施，也得到了好的反响。例如，清华大学、北京大学的农村专项计划为平衡城乡教育的不公平产生了一些积极作用,但是毕竟还是无法改变这种不公平甚至不公平有扩大趋势的表现。

## 四、结　论

教育就是发展人的个性,增进人的价值,教育应该是使人成为真正意义的人。正如斯宾塞所认为的"教育本身之外没有目的",教育本身就是目的,而不是手段,其内涵就是教育应该让人成为他所欲成为的人,需要教育者随其自然地对受教育者施加积极的影响。康德说"人是目的",人的真正的价值就是无价的, 不应该把人当成完成某种其他政治和经济目的的手段。所以,现代性以来,教育方面对人的官僚科层制的管理表面产生了高效率,而其对人教育的损失也是巨大的,因为官僚制的管理体制把人当成了物件,当成了产生效力的物来打磨、浇灌和提升,而人毕竟不是物,他是有感情、有意志、有自我意识的存在。因此,教育的过度行政化与教育的过度市场化对受教育者来讲都是一种极大的损伤和贬低,教育过度行政化把人当成了物来管,忽视了教育的特殊规律与教育的高尚性;教育的过度市场化把人当成了利益的存在,忽视了人的超越性和人之为人的特殊性。所以,无论从国家性质方面还是从人的独特性方面,中国教育在行政化和市场化方面都要有所约束,至于具体的操作层面就需要政府和教育主管方面的智慧了。

# 第四章
# 正当性与合法性

## 第一节　正当还是合法：几个典型案例引发的思考

### 一、首相的座位与张扣扣事件

首先指明这两个事件没有直接的联系，只是正好牵涉两个关键词汇：正当性与合法性。为了探讨这两个词汇的内涵与简单历史，正好借用坊间热闹一时的两个事件。第一个事例，据李明博回忆录记载，韩国李明博总统在任现代建设社长的时候，成功为公司拿下一项大工程——马来西亚槟榔大桥的建设。在1982年组织盛大开工仪式的时候，他现场指挥，准备了一个高规格的典礼舞台。当马来西亚首相的秘书长来到现场查看准备工作时，吃惊地问他，为什么首相座位上面有遮阳篷，而下面的几千人座位上没有？他闻言大惊，在韩国这是再正常不过的事了，怎么到了马来西亚就不行？后来秘书长直接对李明博说，要么拆掉首相上面的遮阳篷，要么就给台下参与典礼的几千人准备好遮阳篷。李明博社长就给台下几千人都搭上了遮阳篷。然而秘书长很快发现主席台上的首相座位比其他人的座位要大，秘书长质问，难道首相的屁股要比别人的大吗?后来,李明博要求把首相的座位也改小了,与台下公众的座位一样大。第二个事例,就是张扣扣事件。张扣扣是陕西省汉中市的一个年轻人,于2017年的除夕杀害了邻居王氏父子三人,王氏老二当天没有回家逃过一劫。据张扣扣供词,事情的起因是由于13年前自己母亲被王氏父子四人打死而最后司法判决不公导致的。1994年张扣扣母亲被打死的时候,张扣扣只有13岁,他目睹了自己母亲被打死的经过,也目睹了母亲被法医解剖的血腥场面。据张扣扣说,打死母亲的致命一棒是王家老二干的,但当时公安抓了王家老三这个未成年人抵罪,最后判了王家老三有期徒刑7年,赔偿9000多元。但据张扣扣反映,最后王家老三实际在监狱只待了4年,而赔偿张扣扣家只有2000多元。所以,张扣扣认为,他之所以杀了王氏父子三人,纯属于报复。当然,结局也非常清楚,张扣扣被判死刑,2019年7月17日执行了死刑。

初看起来,第一个事件李明博主张的是首相的尊严和威望,而马来西亚首相秘书长强调的是普通大众的尊严和权利;而第二件震惊全国的大案张扣扣事件反映的是法律的公正性,即合法性问题与法律的正当性问题。实际上,两个案例反映了共同的实质性问题,权力或者国家存在的合法性与正当性问题。前一事件昭示着国家的正当性在于首相的尊严还是在于绝大多数人的尊严;后者说明权力的合法性是否可以不顾及权力的正当性。具体来讲,前一事例给笔者的启示是"平视权贵,你会气宇轩昂",后一事件说明"尊重善法,你会自由自在"。

张扣扣事件后,有人指责张扣扣"为什么不尊重法律当年的判决而选择报复杀人?"也有人对13年前法院的判决颇有微词:"如果司法公正,不至于引发张扣扣的血腥报复","张扣扣的报复杀人是值得的,他是真正的男子汉","为母报仇,天经地义",还有比较中立的说法:"同情张扣扣的遭遇,但无论如何不能选择报复杀人,因为他违背了法律"。

## 二、正当性还是合法性?

首相的屁股并不比普通人的屁股大，为什么一般认为他的座椅要比普通人的座椅要大呢?因为一般认为,首相的座椅大是因为权力大,是因为国家权力象征着权威,象征着尊严。但问题是,抬高国家权力而忽视民众的权利是否有利于国家的权威?当一个国家把每一个合法公民当成权威的来源,尊重每一个公民的权利或者说平等对待每一个人，是否恰恰是国家尊严和领袖威望的来源?

同样，判决张扣扣死刑体现了法律的公正，这种判决体现了司法的权威,也彰显了国家权力的至高无上性,但是这种判决的"合法性"是否意味着就是"正当性"?合法性是否等于正当性?合法性是否符合老百姓心中的这杆秤?老百姓心中的道义和内心的情感是否可以不顾?法律是否就是冷冰冰的条文,就是所谓不谈感情和道义的实体条文?在实体法律出现之前,人类靠什么调节社会关系?立足情感、道义和神圣的威望是否真的一无是处?张扣扣报复性杀人为什么会得到网民那么多的支持和认同? 这不能不引起人们的反思和重视。要厘清这些问题,需要简单梳理正当性与合法性两个概念的基本内涵和来历。

"正当性"即"Legitimacy",而"合法性"即"Legality",从翻译的角度来看,思想界莫衷一是,在哈贝马斯那里,把"Legitimacy"有时译成合法性,有时译成合法律性,同样有时也把"Legality"译成合法律性或者合理性。至于施米特,他在《政治的概念》中,把"Legitimacy"译成正当性,把"Legality"译成合法性;而哈贝马斯在《合法化危机》中对这两个词的翻译正好与施米特相反,把前者译成合法性,而把后者译成正当性。

虽然没有统一的翻译,但是有一点可以肯定,即"正当性"这个词的含义出现比"合法性"要早。正当性在古希腊罗马时期就已经出现,即"正"为"不斜不歪""不高不矮""恰到好处",而"当"指"应该""对等""公平合理"之意。合起来,"正当性"就是符合正义的上帝,在中国就是符合天道,实际就是符合老百姓心目中的"神""天"或者说"自然"。所以,"正当性"背后有一种价值标准的尺度,它是人们行为、观念甚至政府制度的评价标准。凡是符合这种价值观的就有正当性,否则就不具有正当性。正如唐丰鹤所说:"正当性的判断标准与某种特定的价值尺度相联系,这种用法恰好与西文中与自然法联系在一起的'Legitimacy'相互匹配,将'Legitimacy'译成正当性似乎并无不妥。"①正当性在不同的学科领域有不同的支撑维度,在法学范畴里,正当性依赖"合乎法律规范",合法就是正当的;在社会学领域,正当性需要经验的实证才能有效,也即获得社会成员的认可或者同意就具有正当性;在哲学伦理学领域,正当性就是合乎某种价值规范,需要伦理道德规范来保证。所以在哲学伦理学范围正当性与自然法紧密相连,所谓"自然法"就是符合人的本性和本质的规范,这种本质和规范对人的造物包括实在法即法条造成约束,所以正当性根本上是符合自然法即道德伦理价值,而不符合所谓的实在法,这个在柏拉图的《理想国》、亚里士多德的《政治学》和奥古斯丁的《忏悔录》中都得到了体现,近代卢梭的《论人类社会不平等的根源》中也有所表述。

而"Legality"作为一个概念最早出现在中世纪托马斯·阿奎那的著作中,阿奎那把"正当性"与"合法性"并置在一起讨论其含义,他认为政府的执行产生的暴政叫作"illegality",没有执行权力的人产生的暴政叫作"illegitimacy"。

而正当性与合法性产生作为问题的存在是在马克斯·韦伯开始的事情,由于霍布斯的事实与价值的二分,导致近代以来对传统形而上学的拒斥,即对所谓"正义""平等""公平""自由"等自然法抽象层面的排斥,而只诉诸法律事实的正当与否。本来正当性侧重于伦理道德层面,而合法性侧重于实体

---

① 唐丰鹤:《在经验和规范之间:正当性的范式转换》,法律出版社,2014年,第18页。

法方面,韦伯以后,学界更多强调法律性,逐渐放逐了正当性。他们认为,在一个价值多元化的现代社会,工具理性高扬,而价值理性式微,价值层面产生了"诸神之争"的局面,所以沿用古代的依赖道德的正当性不如依靠法律结构本身的合法性。高贵的价值逐渐遁入超验的领域,经验领域主要依靠法律范畴来作为判断是非的标准。

在古代,合法性依赖更高的正当性来支撑其合法性;到了近现代,法律本身就是合法性的来源,只要人们或者群体的行为不符合法律规范就是非法,不需要一个至高的超验的规范来支撑这种合法性。在古代,合法性的合"法"不是指合乎法律条文,这种法是指与道德、神意和自然浑然一体的自然法,而不是单一的今天的意义上的实体法律即法条。在古代,"自然"意味着正当、正确,意味着神意或者中国的"合乎天道"。现代法律以本身的合法性作为根基,而不依赖于道德和神圣性作为合法性源泉。

所以,我们认为在马克斯·韦伯以后,正当性转化成合法性。也使得合法性从规范路径走向经验路径,或者说从超验的路径转向经验路径,从神的意志转向人的现实操作。

回到张扣扣案例,张扣扣最终被判为死刑,而且已经执行了死刑,张扣扣事件之后,有很多东西值得人们去思考,去拷问。他的死是当代法律的胜利还是当代司法的缺憾?如果按照经验路径的法律合法性去理解,张扣扣死有余辜,因为他的行为背离了当代法治要求,危害很大,毕竟是三条人命。由于他的行为完全背离了当代实体法,即行为不合法,因此导致了死罪。但是这个案例有很特别的地方,毕竟张扣扣事件是为母复仇导致的结果,这在量刑上给了司法者以或多或少的余地。因为,在某种意义上,古代中国复仇就是中国民间的自然法。在民间,因为复仇就是代表了正义,代表了正当性。可以这样说,为母复仇天经地义。自然法体现了古代的正当性,正当性具有道德和宗教因素,具有神圣性,代表了合法性的至高性。

但是由于近现代社会以后,合法性代替了正当性,代替了自然法,所以自然法的神秘性和崇高性被法条所取代,被经验主义法律条文所代替,自然法被边缘化、甚至被抛弃,正当性也就逐渐离开了法律工作者的视界,离开了司法者的生活世界。司法者只看当下违法的证据,不谈道德,离弃崇高,忽视传统伦理规范就成为自然而然的事情。所以在法官判决词里出现以下控诉语言就很正常了:"主观恶性极深,犯罪情节特别恶劣,手段特别残忍,后果和罪行极其严重,应依法严惩。"这些语言完全是社会科学的言语和措辞,具有严格的科学规范性,也具有经验实证性。但带给不少学者和司法专家另外的思考, 即这种判决的合法性是否缺失了法律的正当性或者缺失了自然法的因素,所以让人只是感觉到法律的严酷和干巴巴的冰冷的措辞,而缺失了法律的道德、人性和神性因素。这种道德和神性实际就是自然法的合理性,就是法律的正当性,这种正当性恰恰是合法性的力量源泉,也是法律合法性的基本标准。

正如张扣扣的辩护律师指出的,张扣扣之所以报复杀人,有心理、人性和社会原因。古今中外,在人类历史各个时期,复仇是永恒的话题。从《哈姆雷特》到《基督山伯爵》,从《赵氏孤儿》到今天活生生的张扣扣复仇事件都展现了人性和社会性前提。从古至今中国思想家基本表示了对复仇的宽容,例如孔子的"以直报怨,以德报德""父之仇,弗与共戴天"等,在古代,各种法律和司法行为对复仇者基本表示了同情,在刑法上尽量宽容。但在现代,复仇已经被各国法律彻底否定,但是当公权力无法缓解受害者的正义焦虑时,复仇事件就有一定的宽容和原谅的基础。

当13岁的张扣扣面对母亲被王氏父子四人打死,并目睹被解剖的血腥场面时,无能为力的他心理崩溃和压抑了21年,当罪犯没有得到公众认为期待的公正刑罚,当司法没有给予适当援助时,当生活现实的反差太大时,张扣扣为母复仇的人性本原自然就从内心原始处迸发而出,杀害王家父子三人就变成必然的事了。当然我们不是在为张扣扣的犯罪行为开脱,也不是鼓励这种报复行为,而是指在发生这种情况后,司法者是否需要考虑合法性以外的自然法和正当性？即考虑民间习俗、宗教情感和社会道德对法律的影响力。

## 三、权力的根基：正当性与合法性的争夺

"首相的座位与张扣扣事件"这两个案例都集中反映了一个核心话题即正当性与合法性问题，进一步延伸，从某种意义上，一个国家或政府权力的根基在于其权力的合法性或者正当性。政府为了提升其权威，实现民众的团结和国家的凝聚力，必然选择增强其正当性和合法性的手段，以保证其权力持久和社会秩序的稳定。由于正当性是合法性的更深处的支撑，也是具有长远历史性和形而上学的精神动力，但是因为近现代后，由于事实与价值的二分，社会更重视合法性即经验性的正当性，使规范性的正当性逐步退出话语体系。所以，对正当性概念的探讨在当代社会变得非常重要，从张扣扣案例中可窥见一斑。也因此，学界并没有放弃正当性概念的探索。

任何权力的存在或延续必然需要正当性的支撑。而正当性不是一劳永逸的，它总是处于争夺之中。正当性的争夺存在于领导者与被领导者之间（革命年代处于统治者与被统治者之间），获得权力的领导者总是强化其权力的正当性，为了使权力能够巩固和延续，领导者会采取措施美化其权力的合法性。同样，被领导者如果不满于领导者的领导或统治，他们极力寻找理念或路径去攻击领导者的权威及其合法性。这种争夺合法性的斗争围绕多方面进行，但主要是围绕意识形态和价值理念展开。

近代以后，意识形态逐渐被抬上历史舞台，由于传统社会的宗教、法律、习俗和政制无法满足整合现实社会的需要，这就需要以全覆盖社会理念的方式来规制社会，调控观念。满足这方面的恰恰就是"意识形态"。

意识形态一词最早出现在特拉西（Tracy）的文章，其意指反映现实的观念；到马克思明确把意识形态指认为"虚假的意识"；到第一个无产阶级国家

创立者列宁,直接把意识形态当作中性词,既有统治阶级的意识形态,也有被统治者的意识形态。统治者能够运用意识形态传送统治者的价值观,使得统治者的价值观居于社会核心地位,从而使其居于主导地位。这种传送需要文化精英把政治精英的价值理念进行包装和美化,让其成为普遍的价值和社会必不可少的价值,从而使被统治者认为这是自己需要的不可置疑的普遍价值。由于对统治者的价值的不可怀疑性,所以就产生了对统治者权威合法性或正当性的无可置喙。从而有利于民众的团结和社会的和谐。王海洲认为:"意识形态是一种具有操作性的价值输送系统,其主要目的在于通过塑造和改变民众的思维方式,以便获得他们对输送者合法性的自愿认同。"[①]反之,对于被统治者,意识形态就是一种反叛的观念,其意图就是解构统治者的意识形态。被统治者的意识形态有时是直接对统治者的意识形态进行揭露,攻击其虚假性和欺骗性,从而曝光这种意识形态的误导性,让被统治者看清历史和现实,看清理论的真实性,明白什么是真理。有时,被统治者的意识形态本身就是一种虚假的意识,借助这种虚假的意识来模糊甚至颠倒统治者反映了现实的观念,这种观念往往是真实反映现实的观念,是正确的意识。但是被统治者为了自己的价值观被接受和认可,需要攻击统治者的意识形态,其最终目的不外是权力以及权力的合法性。

意识形态的宣传依赖一种人类特有的工具,即语言,在此,笔者所提到的语言是作为一种话语体系的语言,即话语建构的能力。根据后现代主义者拉克劳和墨菲的话语建构理论,意义是滑动的,是能指的游戏,没有固定话语意义,也没有外界固定的内涵,一切意义都是根据生活世界的现实话语建构而来。后现代主义还用其话语建构理论建构了一个所谓的主体。他们认为主体其实就是建构而来,不同时代有不同主体,不同主体是由于政治的需要而建构而来。例如,马克思为了革命的需要建构了两个相互对立的阶级,即

① 王海洲:《合法性的争夺:政治记忆的多重刻写》,江苏人民出版社,2008年,第91页。

资产阶级和无产阶级，一个是剥削阶级，另一个是被统治阶级。所以无产阶级为了自己当家做主必须出来斗争，争取自己的权力，推翻资产阶级的权力。而结构主义者阿尔都塞认为，不同阶级是通过意识形态询唤得来的，所谓询唤，就是有意无意通过话语让一部分人被称为某个群体或者阶级、阶层。例如，打工者、新居民、新市民等，实际就是对农村进城务工人员的一种称谓，从而也就产生了其对立面，城市居民。这一二元化的称谓在某种意义上强化了中国改革开放后产生的城乡二元结构，这种结构也暗示了执政者对于这种现象的改变，否则不利于以城市化为中心的现代化的继续和深入。

话语不是一个中立者，它对权力的归属有明显的倾向。对于上层精英而言，由于掌握了话语传播机器，所以可以操纵话语表达霸权命令；但是对于下层而言，可以通过公共舆论传播自己的话语权力，从而达到消解精英的话语霸权。

福柯说，知识即权力。其实，在现实社会中，知识的符号，即话语也已经是权力。谁拥有了话语权，谁就掌握了权力。无论任何社会，掌握了话语传播权力，就导向或控制了人们的话语，操控了人们的观念，就主导了人们的意识和价值观。

回到开头的两个案例，我们不难发现：马来西亚秘书长传达的是一种权力合法性的价值观，即精英与大众人格平等，所以不需要用遮阳篷和座椅的大小来体现首相的权威和尊严。而张扣扣事件的判决结果体现了相互对应的两种意识形态，一是代表国家权力的司法系统，他们依据合法律性判决了张扣扣死刑；而张扣扣的辩护律师希望司法判决考虑张扣扣本人犯罪的各种主客观因素，特别是结合人性和世界上对于复仇案判的判例法历史来定罪。一句话，国家重视权力的合法性，而民间更重视权力的正当性（自然法）。实际上作为国家权力体现的司法判决没有错，同样，作为民间代表的代理律师的辩护也没有错。他们都在围绕权力的合法性或者正当性进行博弈，这种博弈在当代已经不是围绕获取权力的博弈，而是为了国家长治久安的正当性而展开的博弈。从这种情况来说，辩护律师也是国家权力的一个微观部分。张扣扣案辩护律师认为"国家法律应该吸纳民间正义力量""不要支离破碎地看待法律，而要将法律看作是一个连续、一往无前的发展整体"。[①]

## 四、中国历代政治的正当性

谈到中国历代政治的正当性好像问题有点宏大了，因为感觉与本章的讨论相离甚远。不可否认，本章讨论的正当性问题虽然以两个案例为导线，但是与国家权力的正当性紧密相关，所以延伸探讨中国政治正当性就很有必要。

中国历代政治正当性，可以划分为两个时代，即古代政治的天命正当性和近现代后的人民主权的正当性。前者是指古代历次革命，实际就是为了权力，权力的更替就是改朝换代。改朝换代就意味着新的权力代表了天命，也就获得了权力的正当性。所谓天命的正当性，其实是有超越性和神圣性的，与西方上帝相似意义上的"神性"。神性就是最高的正当性，在他背后没有更高的统一性。谁拥有了权力，谁就得到了圣旨的委托。但是到了近代，天命的正当性逐步退出历史舞台，正当性开始由人民自己做决定，这就是民主，或者说人民当家做主，人民自己决定自己的命运。这就是受到卢梭的权力正当性影响："主权在民。"谁代表了人民，得到人民的拥护，谁就占有了权力的合法性。

人民主权可以有古希腊的直接民主，即广场政治，也有近现代开始的间接民主，即代议制。为了克服代议制的分权弊端，中国共产党的第一代领导人采取了以共产党作为先锋队的模式，代表人民执政。但是共产党领导的多党合作制度如何很好地体现人民的意志是一大政治学课题，汪晖所提出的

① 邓学平：《张扣扣案一审辩护词》，http://www.myzaker.com/article/5d2ef82532ce40642f00004c。

"代表性断裂"就是这个含义。意思是在现当代,随着革命潮流的退去,经济建设的高涨,社会分化的加剧,政党的政治组织和政治运动特征逐渐淡化,政党日益服从"国家化"逻辑。政党日益宣布代表的普遍性,另外,随着市场经济的发展,贫富差距的扩大,给人的表象好像政党与底层群众更加疏远了。也就是说,在当今世界,中国的执政党的代表性如何克服这种代表性断裂已经是一个重大课题。

当年立宪派主张只要实行宪政就可以实现权力的正当性,而毛泽东认为只要实现人民主权,共产党代表人民实行这种权力,人民主权的正当性就体现了。这里有一个困境,代表人民的主权者与代表天命的君主都可以导致腐败。所以,无论中西学者很多极力主张宪法政治。宪法政治体现的精神主要是"权力在民,权威在宪法"①,如果两者混在一块,容易导致权力与权威的一元化,没有了对权力的牵制,容易导致社会的动荡。许纪霖指出:"有权力就有权威,权力之上无权威,那是非常可怕的",无论权力掌握在人民还是政府手中。在一定意义上,许纪霖是希望国家权力要在宪法的权威下运转。

回到一开始的两个案例,笔者认为,无论什么性质的权力,都需要背后的一种至高的力量作为奠基。在古代,神就是最后的奠基,在近现代后,无论是保留君主的国家还是共和制的国家,权力的奠基应该是一部成熟稳定的国家大法即宪法。在近现代后,神威褪去,正当性已经转为合法性,这种合法性实际是宪法意义上的合法性。而宪法必然包含了传统社会的自然法理念,这就是其至高和超越性的要点。从宪法内涵角度看前文的两个案例,人民主权概念更加清晰,实体法和自然法相结合的意蕴就更加明朗。

---

① 许纪霖、刘擎、陈赟等:《政治正当性的古今中西对话》,漓江出版社,2013 年,第 44 页。

# 第二节　马克思主义是
# 中国共产党执政合法性的价值认同核心

政治哲学上的合法性不同于法学上的合法性，它不是法条上的合乎法律规范，而是带有价值判断，背后是一种哲学形而上的价值诉求。其关心的是国家权力领导者是否能够得到全体人民的心理"认同"。甚至，这种认同是指人民的自愿的心理配合和"同意"。哈贝马斯认为："在欧洲，如果不是从梭伦开始，那么至迟也是从亚里士多德开始，政治学理论就从事合法化兴衰存亡的研究。"①

任何一个政权的合法存在必然有其制度和伦理的支撑。在政治哲学上，权力的合法性需要有两个条件：一是制度条件，二是伦理条件。马基雅维利以后，政治逐渐与伦理割裂，用一句话概括，即"恺撒的归恺撒，上帝的归上帝"。实际上，所谓的近代政治哲学转向就是指"政教分离"，世俗的归世俗，神圣的归神圣。推而广之，公共的就是公共的，私人的就是私人的。也就是说，政治问题是公共问题，伦理道德是属于私生活方面的问题，两者不能混淆，需要分界。用今天政治哲学一句更加通俗的话来讲，就是"无道德的政治"与"无政治的道德"，在 20 世纪末，中国大地出现的"依法治国"与"以德治国"的争论也有此内涵。

应该这样认为，从理论上讲，政治归政治，伦理归伦理，在一定时代是有其合理性的，例如，马基雅维利对于把政治学独立出来研究起到了重要作用；现代政治重视制度化的趋势一改传统古典政治学政治与伦理不分的"伦理依赖"局面，也是有其价值的。

---

① 李昆明主编：《聚焦中国》，红旗出版社，2007 年，第 357 页。

　　然而现实生活的制度与伦理还是不能完全割裂的。有学者就认为："失却道德伦理和文化价值的意义支撑,政治又难以在其根本目的的层面上证成其正当合法性。这的确是一个'现代性'政治哲学难题!"①这就牵涉一个重要的论题:没有伦理的政治是没有合法性的或正当性的政治,没有合法性的政治就很难保证其道德伦理和文化支撑,其权力也就得不到人民群众的"认同"。

　　中国共产党长期执政的合法性不是天上掉下来的,也不是一劳永逸的。习近平在 2021 年"七一"重要讲话中提出了中国共产党的"四个创造"与"九个必须",从本质上讲,"四个创造"与"九个必须"提供了中国共产党长期执政的合法性的条件,权力合法性需要一代代中国共产党人从制度上的创造和实践上的践行,也需要从理论思想上建构。"中国共产党为什么能"是中国共产党执政合法性的政治保证,"中国特色社会主义为什么好"是中国共产党执政的制度基础,"马克思主义为什么行"构成了中国共产党执政的文化价值基础。文化是民族的灵魂,是一个国家和民族最持久最稳定的心理状态。马克思主义是中国共产党人最重要的思想方法论基础,是中国共产党人的意识形态,也是中国共产党执政合法性的文化价值核心。中国共产党执政合法性非常需要马克思主义思想层面的价值支撑,否则,将失去政党的文化根基,也将丢掉思想和文化上的"认同"基础。

　　1921 年中共一大就把马克思主义写在党的旗帜上。从此,中国共产党不断运用中国化的马克思主义在革命、建设、改革中取得了一个又一个伟大的成就。以毛泽东同志为主要代表的中国共产党人在"马克思主义中国化"的号召下探寻到中国新民主主义革命道路,实现了新民主主义革命的伟大胜利,让中国人民站起来了。接着推进的社会主义革命和社会主义建设,奠基了中国共产党执政的马克思主义意识形态基础;以邓小平同志为主要代表

---

① 万俊人:《政治哲学的视野》,郑州大学出版社,2008 年,第 158 页。

的中国共产党人继续坚持把马克思主义与中国社会主义实际相结合，在邓小平理论指导下开创了一条中国特色社会主义现代化道路即改革开放道路，在后继的党的集体领导下，中国人民逐步富起来了；党的十八大以来中国特色社会主义进入新时代，以习近平同志为主要代表的中国共产党人继续推进马克思主义中国化，在习近平新时代中国特色社会主义思想指引下推动中国特色社会主义由富起来走向强起来，为中华民族伟大复兴新征程而奋斗。

中国共产党的执政合法性离不开马克思主义意识形态的文化价值，"人民至上是马克思主义最鲜明的品格"。因为恩格斯在批判杜林的哲学思潮的时候，从哲学、经济学、社会主义三个方面批判了资产阶级哲学家杜林，所以后世把马克思主义简单概括为哲学、政治经济学和科学社会主义三个方面。实际上，从价值基础角度，即从"人民至上"品质的角度来看，我们一般认为，马克思主义的核心内涵主要有三个方面：群众路线为核心的唯物史观、资本伦理批判的政治经济学和每个人自由而全面发展的科学社会主义思想。

中国共产党执政合法性的文化价值核心在于马克思主义核心理论的支撑。群众路线、资本伦理批判和有关自由的展望构成了中国共产党执政合法性价值支撑的三位一体。

## 一、群众路线是中国共产党执政合法性的价值之基

马克思主义唯物史观有一个科学合理的架构，马克思揭示了人类社会的客观规律，彰显了实现人类历史规律的主体，即人民群众的重要性。历史客观规律是历史主体创造历史的基础，而历史主体需要充分尊重历史规律才能推进历史的发展并创造历史，无产阶级政党就是运用历史唯物主义这个武器并带领人民群众不断前进的先锋队。

（一）社会基本矛盾的辩证运动

马克思主义唯物史观认为，历史是客观的，历史是有规律的，历史是两对基本矛盾的辩证运动，有其不断推进的客观规律。生产力决定生产关系，生产关系反作用生产力，如果生产关系适应生产力的发展，就推动生产力的前进，反之就阻碍生产力的发展；相似，经济基础决定上层建筑，上层建筑反作用于经济基础，如果上层建筑适应经济基础就推动经济基础的发展，反之就阻碍经济基础发展。当然，上层建筑包括两个方面，一个是政治上层建筑，一个是思想上层建筑或者意识形态，两者协调推进或者阻碍经济基础的发展。在《政治经济学批判序言》中，马克思用了一句名言来表述这个历史唯物主义的经典，他说："人们在自己的社会生产中发生一定的、必然的、不以他们的意志为转移的关系，即同他们的物质生产力的一定发展阶段相适合的生产关系。这些生产关系的总和构成社会的经济结构，即有法律的和政治的上层建筑竖立其上并有一定的社会意识形式与之相适应的现实基础。物质生活的生产方式制约着整个社会生活、政治生活和精神生活的过程。"①马克思的历史唯物论对两对社会基本矛盾所进行的经典论述，其中心线索是历史的发展规律，核心内容是四个核心概念，历史的决定力量是经济因素，最终决定力量是社会生产力。因为生产力决定生产关系，而占统治地位的生产关系就是经济基础，经济基础决定上层建筑，反之，上层建筑反作用于经济基础，经济基础或生产关系反作用生产力。因此，最后体现为上层建筑反作用生产力，倒过来，就是生产力决定上层建筑。所以生产力是历史的最终决定作用。当然，马克思主义历史唯物论并不能简单概括为经济决定论，马克思主义非常重视历史各大范畴的辩证关系，从没有忽视生产关系和上层建筑的反作用。

---

① 《马克思恩格斯选集》（第二卷），人民出版社，2012 年，第 2 页。

（二）人民群众是历史的创造者

马克思主义以前的剥削阶级历史观都带有唯心主义特色，宗教历史观强调上帝的创世；英雄主义历史观强调了个体人物的天才作用；人道主义历史观突出了抽象的人的历史。这些历史观往往忽视了历史背后活生生的客观现实，不懂得由一个个具体的人所组成的人民群众这个群体的历史作用。其根本原因是受到认识方面和阶级立场的局限。剥削阶级或者思想者总是站在人民的对立面表示出对这个群体的愤怒和傲慢。在西方文化视阈中，"大众"（masses）多为贬义上使用，卡莱尔等把大众理解为群蜂，是"压倒多数的魔鬼子民"，是最"容易受欺骗、容易酗酒和胡言乱语"的那些人；奥尔特加把大众当成"平均的人"，没有特殊，像一袋没有有机联系的马铃薯；大卫·里斯曼称其为"他人引导的人"，没有头脑的一群人；在德国哲学家海德格尔笔下大众就是"常人"，非"本真"的人；在法兰克福学派那里，大众是固定不变的原子化的人，是无条件屈从于大众文化的消费的人，他们是既有统治秩序的帮凶，无能对悲惨的现实进行反思、批判的人；马尔库塞干脆将大众定性为"单向度的人"——只有一个向度，他们只是一个消费向度，认可现实的向度，并缺乏对现实批判和反思能力的人。

西方不少学者站在精英主义立场对普罗大众进行了傲慢式批评和指责，没有从积极的一面去同情和理解大众，去建构和发现大众，也不能从主体角度去提倡、鼓励大众的历史作用。只有马克思主义才把大众推向历史前沿，建构大众群体即"人民群众"的概念并指出人民群众的伟大历史作用。西方只有部分学者才发现了大众这个群体的伟力，本雅明写道：在雨果、恩格斯、波德莱尔、爱伦·坡等作家的笔下，见证了最初的还处在模糊状态的"大众"的诞生。①

①　［德］瓦尔特·本雅明：《发达资本主义时代的抒情诗人》，张旭东、魏文生译，生活·读书·新知三联书店，1989 年，第 136~143 页。

马克思主义认为，人民群众是历史的创造者，他们不仅创造了物质财富，也创造了丰富的精神财富，而且还是推进历史变革的伟大力量。毛泽东说："人民，只有人民，才是创造世界历史的动力。"①中国共产党自建立以来就注重发掘群众力量，发动群众运动。党的一大后，立即掀起了香港海员工人、安源路矿和京汉铁路三次工人大罢工；党的二大后，中国共产党也注重在农民群众中发动农民运动，建立农会和农民运动讲习所，使得群众运动如星火燎原之势，为中国革命的成功奠定了深厚的群众基础。

（三）群众路线是党的根本工作路线和工作方法

人民群众是历史的创造者，群众应该享受到历史进步的安全和福利。毛泽东论证了群众观点，也阐述了群众路线。群众路线是党的根本工作方法和工作路线，在中国共产党的历史上，什么时候正确贯彻了党的群众路线，什么时候工作就取得伟大成就，什么时代背离了群众路线，什么时代就会遭受挫折。新民主主义革命的两次胜利和两次失败的对比，新中国成立后取得的成就和遭受的挫折都与是否正确运用群众路线相关。为了服务于人民的伟大创造，毛泽东提出了"为人民服务"，邓小平提出我们工作得失的标准是"三个有利于""人民支持不支持""人民答应不答应"，江泽民以"三个代表"作为中国共产党建设的标准，胡锦涛认为科学发展观的核心是"以人为本"，习近平认为："中国共产党一经诞生，就把为中国人民谋幸福、为中华民族谋复兴确立为自己的初心使命。一百年来，中国共产党团结带领中国人民进行的一切奋斗、一切牺牲、一切创造，归结起来就是一个主题：实现中华民族伟大复兴。"②贯穿在这些重要论述中的中心线索就是中国人民的利益和中华民族的利益。实际上，中华民族不是一个空洞和抽象的概念，它是一个活生生的具体概念，是五十六个民族的最大公约数，是五十六个民族的公共心理素

① 《毛泽东选集》(第三卷)，人民出版社，1991年，第1031页。
② 习近平：《在庆祝中国共产党成立100周年大会上的讲话》，《求是》，2021年第14期。

质、文化习俗和地域文化的凝结表征,是中华儿女团结奋斗的合体,是最大多数人的鲜活凝结体。所以,归纳起来,中国共产党提出和践行的群众路线和群众观点本质上就是为了人民、为了中华民族。中国共产党没有自己特殊的利益,他的一切行动目的归结为人民的利益和以人民为主体构成的中华民族利益。

## 二、资本的逻辑批判是中国共产党执政合法性的价值之实

马克思主义不仅提供了辩证唯物主义、历史唯物主义的世界观和方法论,为中国共产党执政合法性提供价值诉求之基,还在经验、实证上对资本主义进行了符合科学逻辑的推演和论证,为中国共产党执政合法性提供了价值诉求之实。之所以被称为价值诉求之实,是因为马克思主义对资本操控社会、扭曲人性的社会现象做了有益的探索,它立足现实的探索和批判,揭示出资本的奥秘及人性歪曲的现实,展示出资本社会的前途——必将由社会主义所取代,并发展到共产主义社会。所以马克思主义运用历史唯物论作为其思维方法,而对资本主义的批判是其运用的工具,对未来自由社会的展望是其理论的最终目的。

(一)劳动价值论揭示出劳动是价值的源泉

马克思从商品这个细胞开始,揭示出商品包含的秘密,并阐述相关问题的根源。马克思主义认为,商品包含了使用价值和价值,使用价值是指商品的有用性,体现了自然属性;价值是商品的社会属性,是指包含在商品中无差别的劳动,是商品的本质属性。对应于使用价值和价值,商品是由具体劳动和抽象劳动创造的,具体劳动创造使用价值,抽象劳动凝结为价值。因此,劳动是价值的源泉,价值必定与劳动有关。当商品的固定媒介货币产生以后,使用价值与价值的内在矛盾就转化为商品与货币的关系。人与人之间的

关系就仅仅表现为人拿着货币去购买商品的关系，人与人之间的神秘关系就只是钱与物的简单关系，所以资本主义可以掩盖人际关系，让一切关系转换为简单的交换关系。

既然劳动是价值的源泉，那么问题就出现了，谁才是劳动的承担者？谁才是价值的真正创造者？马克思主义认为，劳动的大军是无产阶级，他们才是劳动者，他们的劳动才是财富的源泉，因为他们没有生产资料，没有进行生产创造财富的很多条件。资本家可以凭借其掌握的生产资料进行购买各种生产资料从而进行组织生产，以达到剥削无产阶级的目的。

因此，问题转向第二个方面，货币转化为资本的条件到底是什么。

### （二）劳动力成为商品是货币转化为资本的前提条件

什么时候货币成了资本？何为资本？马克思主义认为，资本就是能够带来价值的价值。通俗点讲，资本就是能够带来钱的钱，或者说资本就是"钱之母"。为什么资本就能够带来更多的价值，资本凭什么带来价值的增值？这里又牵涉资本与一般货币的区别。一般货币只是流通的媒介，而资本是能带来增值的货币；一般货币只是作为流通手段只是为了获取使用价值，而资本的货币目的是为了价值；一般的货币只是媒介，而资本的货币是需要购买一种特殊的商品才能带来价值增值。所以它们的区别可以概括为"货币是为买而卖，资本是为卖而买"。马克思为了区分货币与资本的关系，特地把资本分为两部分，根据它们对剩余价值带来的作用不同区分出不变资本和可变资本，目的是揭示剩余价值的源泉是可变资本。

为了进行生产，资本家必须购买资本，有些资本是不变资本，只有劳动力才是可变资本。因此，资本总公式 G-W-G'（G'=G+$\Delta$G）的矛盾根本原因不是所有资本 G 投入带来了 G+$\Delta$G，多出来的 $\Delta$G 不是所有资本 G 带来的。那么这个矛盾是怎么产生的呢？马克思指出，这是由于资本家在购买生产要素的时候，购买了一种特殊的要素，它就是劳动力这种生产要素。因为劳动力是价值的源泉,也是剩余价值的源泉,劳动力才是可变资本,是可以带来资本增值的价值。其他生产要素是辅助的要素,它们是不变资本,是指不能带来价值增值,它们在生产中只是转移了价值形式。

因此,在资本主义社会,大规模的劳动力买卖成为现实,当大规模的劳动力成为可以随时买卖、自由买卖的商品的时候,购买劳动力的货币才被称作资本,因为只有这些劳动力商品才能带来价值的增值,也只有这样的社会才叫作资本社会。

(三)剩余价值、利润、工资、资本循环与经济危机

剩余价值即工人在剩余劳动时间里产生出来的价值。马克思把工人的工作日分为两个部分, 一个部分是必要劳动时间, 一个部分是剩余劳动时间。必要劳动时间是工人创造劳动力价值的时间,而剩余劳动时间是工人创造剩余价值的时间。剩余价值是工人创造的超过劳动力价值的那部分价值,即价值的增值。但是在资本家眼里,没有剩余价值这个概念,只有利润这个概念。所谓利润,资本家认为,利润就是资本家全部预付资本带来的价值增值。这样,根据资本家的意图,$\Delta G/C+V$ 永远小于 $\Delta G/V$(前面公式是利润率,后者公式是剩余价值率,V 是可变资本,C 是不变资本), 因此掩盖了剥削的秘密。

那么工资的秘密是什么呢?马克思揭露了工资的秘密,他认为,工资不是劳动的价值,因为劳动不是商品,没有价值,只有使用价值。工资只是劳动力的价值,劳动力才有价值和剩余价值。劳动使用价值与一般商品不同,它不但可以创造自身的价值,还可以带来超过自身价值的价值即剩余价值。所以工资的本质是劳动力的价值。

生产剩余价值是资本主义社会的绝对规律,资本主义需要生存下去,必须不断地进行生产和再生产,需要资本的不断周转。资本周转就是资本周而复始的循环,资本主义存在的根本条件就是资本周而复始的循环下去。资本

周转的条件即空间上的并存,时间上的继起。货币资本、生产资本和商品资本三种资本在时间上继起,在空间并存,那样资本主义的生产方式才能存在下去,也能够保证资本主义财富的不断生产和积累。

随着资本循环的不断推进,资本为资本主义带来了财富增值,一次次的资本积累导致一次次资本的扩大生产。在资本主义社会,一方面是生产的社会化,另一方面是生产资料私有制的集中,这个矛盾是资本主义永远无法解决的矛盾,最终导致资本主义的灭亡。

(四)虚拟资本与资本创新导致资本主义矛盾永无止境

当今时代,经济全球化不断推进,资本主义出现了一系列新特征。资本形式出现了新变化。过去的实物资本不断转向新的资本形式,虚拟资本不断衍生,资本主义矛盾不断外推,但总是以新的形式出现。金融形式不断创新,资本主义特征花样翻新,经济危机不断产生。资本主义的本质没有变化,变化的是今天的资本主义是金融寡头的垄断资本主义。

在马克思时代,虚拟资本已经出现,但是到当代社会,虚拟资本已经出现普遍化趋势。随着布雷顿森林体系的瓦解,美元与黄金脱钩,各国的货币也与美元脱离关系,货币不与实物挂钩,意味它不是价值实体代表,出现了货币虚拟化。一般而言,财富总与物质内容相关,但当财富离开了它的物质内容,而只注重它的社会形式,把形式当成了内容的时候,必然导致某种"颠倒",即马克思说的"拜物教"。

虚拟资本并不创造价值,它只是分享剩余价值。当然虚拟经济参与创造了财富,在今天的世界历史中,虚拟资本在财富创造中体现的作用越来越大。同样,虚拟经济促进了生产力的发展,但是它参与了金融资本瓜分剩余价值的特定形式。所以,资本主义最终走向毁灭不是因为资本主义的"恶",而是因为资本主义无法解决这种恶的矛盾。资本主义这个无法解决的矛盾"恶"也就是资本主义社会化大生产与生产资料私有化的矛盾,即私人劳动无法实现表现为社会劳动，必然产生矛盾。正如马克思指出的："正是商品世界的这个完成的形式——货币形式，用物的形式掩盖了私人劳动的社会性质以及私人劳动者的社会关系，而不是把它们揭示出来。"①

正由于金融资本给人带来的假象，好像钱能够生钱，好像利润与实物和劳动力无关，导致人们在金钱面前无能为力，甚至怀疑自己的素质和能力。"作为货币资本的独立化，它给人'钱能生钱'的假象。这不仅让金融资本能理直气壮地占有他人劳动，连被剥削者都被迷惑住，甚至为自己被剥削感到惭愧，似乎这种被剥削不仅是应该的，而且还表明了自己在智力上低人一等。"②在金融资本主义时代，虚拟财富当成了真正的财富，虚拟价值也被当成了真正的财富。拜物教的产生不仅是资本对无产阶级的欺骗，也是对资本家本身的欺骗，即工人和资本家都存于资本主义社会的异化之中。

马克思在一百多年前就揭示了资本的危机，"生产资料的集中和劳动的社会化，达到了同他们的资本主义外壳不能相容的地步。这个外壳就要炸毁了。资本主义私有制的丧钟就要响了。剥夺者就要被剥夺了"③。问题是直到21世纪的今天资本主义的丧钟为什么还没有敲响？这就是资本的秘密所在。资本的秘密除了其剥削的秘密，还有其自我再生的秘密，其生命力还比较强大，还能够不断通过资本的创新维系其命运，延续其生命，哪怕是苟延残喘地维系。

资本之所以能够持续在场，是因为其原始"外壳"不断被"炸毁"，但其新的资本外壳不断出现，这就是资本创新不断冒出新的花样。任平说："创新是资本牟利的必然行动。在任何一个固有的形态下，资本都会因为内在的根本矛盾即生产的社会化与生产资料资本主义私人占有之间的矛盾的尖锐化而最终被炸毁。只有通过形态的更新（外壳）和转换，才能自我拯救和持续在

①《马克思恩格斯文集》（第五卷），人民出版社，2009年，第93页。

② 马拥军：《虚拟财富及其存在论解读》，《哲学研究》，2014年第2期。

③《马克思恩格斯选集》（第二卷），人民出版社，2012年，第299页。

场。"① 2008 年金融危机的爆发，导火线就是美国的次贷危机，即将房地产这个消费品资本化、债券化，使其成为金融业的衍生工具，不断打包销售房地产债券，只要某个环节出现危机，就导致严重的全球性资本危机。这就是资本创新带来的"一荣俱荣，一毁俱毁"的全球金融局面。

这就告诉我们，无论怎么玩弄资本花样，资本的外壳最终会被炸毁，资本最终要退场，资本创新的危机只不过是资本主义历史长河的常态。每一次资本危机，倒逼出资本的创新，每一次资本的创新又导致新的资本危机，这就是资本主义的基本特征，也是资本主义丧钟敲响的序言，一篇篇丧钟序言最终炸毁资本主义的任何资本包装花样。

这也告诉我们，当代资本主义的花样翻新需要马克思主义者持续推进解释资本创新的变化，揭示资本创新和资本主义新变化的历史和根源。

## 三、每个人的自由全面发展是中国共产党执政合法性的价值之魂

如果说群众路线是从历史唯物主义方法论中提炼出来的执政合法性的基础，资本的伦理批判是中国共产党执政合法性的实证基础，那么每个人的自由而全面发展是中国共产党执政合法性的价值目标，是支撑中国共产党权力合法性的价值灵魂。

### （一）个人与人

马克思主义从来不是空洞地谈论"人"这个概念，无论马克思和恩格斯，向来重视的是具体的人和现实的人，不是抽象的和离群索居的人。人从来就是"社会关系的产物"，人总是处于一定社会关系中，处于家庭、夫妻、同学、同事、师生、民族、宗教等一定关系中，离开具体的关系谈人总是抽象的。费

---

① 任平：《论资本创新逻辑批判与马克思主义出场学的当代视域》，《哲学研究》，2014 年第 10 期。

尔巴哈抽象地谈论爱和友情,忽视了这些情感的历史和社会性。马克思批判地认为:"除了爱与友情,而且是理想化了的爱与友情以外,他不知道'人与人之间'还有什么其他的'人的关系'。"①

所以,马克思谈论的是具体的人,是每个人,不是空洞的抽象人。马克思认为资本主义之前的历史是没有个人的历史,到资本主义历史开始有了个人的历史,但是这种历史的个人也是他人的手段,从来没有成为目的。所以人只是表现为一种外在的必然,不是一种内在的自由。"我们越往前追溯历史,个人,从而也是进行生产的个人,就越表现为不独立,从属于一个较大的整体……只有到十八世纪,在'市民社会'中,社会联系的各种形式,对个人说来,才只是表现为达到他私人目的的手段,才表现为外在的必然性。"②

(二)自由、必然及其关系

马克思主义谈论"自由"是与谈论"必然"联系在一起的。必然就是指世界的客观性和规律性,离开了必然就无法谈论自由,脱离了必然性,自由也是无根的,将会成为空洞的自由理念,而不能成为真实的自由。"自由是对必然的认识和对客观世界的改造。"③恩格斯认为,自由就是对自然规律的认识并有计划地使自然为一定的目的服务。

马克思主义语境中的必然有两个含义,自然的必然和社会的必然。前者是指自然界的规律我们始终都无法摆脱,只要有人的历史,就不可能摆脱自然规律的约束,也不可能认识一切规律,不可能绝对达到对自然的绝对控制。原始社会如此,现代人也如此,总要受到自然规律的约束。马克思说:"像野蛮人为了满足自己的需要,为了维持和再生产自己的生命,必须与自然搏斗一样,文明人也必须这样做;而且在一切社会形式中,在一切可能的生产

---

① 《马克思恩格斯全集》(第3卷),人民出版社,1960年,第50页。
② 《马克思恩格斯全集》(第46卷)(上),人民出版社,1979年,第21页。
③ 《毛泽东文集》(第八卷),人民出版社,1999年,第306页。

方式中,他都必须这样做。这个自然必然性的王国会随着人的发展而扩大,因为需要会扩大;……这个领域始终是一个自然王国。"①随着人类文明的进化,人们与自然的关系越来越紧密,人们的需要增多,未知领域就越多。所以,不能以为到了未来理想社会,未知领域就没有了,至少自然的未知领域不会减少。宇宙是浩瀚的、无边无际的,人类毕竟是有限的,理性也是有限的,以有限的理性去面对无限的自然世界,必然会带来必然领域,导致人类处于未知的自然必然王国状态。

后者是指历史的必然性。人类历史是一个不断延伸和发展的社会,按照马克思主义的理解,历史总是从低级到高级延伸。从原始社会、奴隶社会、封建社会、资本主义社会再到共产主义社会,历史会经历五种社会形态;马克思也提出过三种社会形态:人的依赖社会,物的依赖社会和每个人自由全面发展的社会。社会形态依次更替,人类历史不断前进。奴隶社会、封建社会和资本主义社会是剥削阶级社会,特别是资本主义社会人与人之间是以平等、自由等外衣掩盖下的赤裸裸的金钱关系,资本主义社会把一切都当成了商品去销售,一切以货币衡量,含情脉脉的温纱下是一张张贪婪的面庞。总而言之,资本主义以前的社会历史,是一种"必然王国状态",在这种状态下,人们之间是人身依附或者利益关系。人不能真正达到自由状态。"这种扭曲和颠倒是真实的,不是单纯存在于工人和资本家的观念中的。但是很明显,这种颠倒的过程不过是历史的必然性,不过是从一定的历史出发点或基础出发的生产力发展的必然性,但绝不是生产的一种绝对的必然性,倒是一种暂时的必然性,而这一过程的结果和目的(内在的)是扬弃这个基础本身以及扬弃过程的这种形式。"②

关于"自由",马克思主义主要从自由时间和真正历史时期两个方面探讨自由。关于自由时间,是指满足基本生活需要之外的休闲时间,也可以说

---

① 马克思:《资本论》(第三卷),人民出版社,2004年,第928~929页。

② 《马克思恩格斯全集》(第31卷),人民出版社,1998年,第244页。

是指必要劳动时间之外的休闲时间。在资本主义社会,工人的工作日包括必要劳动时间和剩余劳动时间,必要劳动时间是生产劳动力价值的时间,剩余劳动时间是指创造超过劳动力价值的时间,即创造剩余价值,这个价值又被资本家无偿占有的时间。在资本主义社会,工人几乎没有休闲的"自由",有的只是劳动,哪怕少量空闲也是被资本束缚在消费的行为中,最后还是在为资本实现剩余价值。马克思形象地指出:"事实上,自由王国只是在必要性和外在目的规定要做的劳动终止的地方才开始;因而按照事物的本性来说,它存在于真正物质生产领域的彼岸。"①在马克思那里,资本主义社会是一个多数人提供劳动产品,少数人享受自由休闲时间的社会,是一个异化的社会。

第二种自由是"真正人类历史时期"的自由,是一种真正共同体的自由。这种社会消灭了旧式分工,实现了劳动的普遍化,实现了人与人之间的真正平等和自由。这是一个没有剥削和压迫的社会,是一个按照计划合理分配时间的社会。马克思指出:"代替那存在着阶级和阶级对立的资产阶级旧社会的,将是这样一个联合体,在那里,每个人的自由发展是一切人的自由发展的条件。"②以往的剥削阶级社会都是人的依赖或者物的依赖社会。共产主义社会是一个建立在每个人自由基础上的自由的社会。

（三）自由与物化

有一个错误观点,理想地认为共产主义的自由就是没有任何物化的社会。实际上,马克思主义并未完全否定一定的物化。人与人之间的关系以物象关系呈现出来,人们往往错把物当成支配人外在于人的决定力量,这就是"物化"。物化不完全是自由的对立面,它往往推动了生产力的发展,所以关键不是消除物化,是如何让物化促进自由的实现。这就需要让外在于人的力量回到人的内在力量,由人去支配和掌握;同时,保证物化带来的高效发展,

---

① 马克思:《资本论》(第三卷),人民出版社,2004年,第928~929页。

② 《共产党宣言》,人民出版社,2018年,第51页。

又避免对人的自由的限制和阻碍。

自由的实现，并不是必然的消失，自然的必然和物化的必然还将存在。当下中国社会，不是物化太严重，而是物化还不够。因为改革开放和现代化建设只有四十多年，物化表现出来的物并不是太丰富，人与人之间的契约精神并没有完全建立起来，我们追求自由并不能否定一定效率的物化秩序。

当然，人类社会的最终目标是自由社会的产生。马克思主义的自由不是自由主义者意义上的自由，不是传统自由者强调的意志自由，它指的是人的理性基础上的理性判断自由。

## 四、结　论

马克思主义历史唯物主义中的群众路线、政治经济学的资本伦理批判和科学社会主义对于未来理想社会的自由价值诉求，是中国共产党执政合法性的价值之基、价值之实、价值之魂。离开了这三个方面的有机结合，就抛弃了马克思主义基本原理，就忽视了马克思主义的方法论，就丢掉了马克思主义经济学的实证研究，就离开了马克思主义的科学社会主义，也就丢掉了马克思主义的价值核心，如果这样，中国共产党的执政合法性也就没有了文化价值基础。

当然，马克思主义是发展的学说，与时俱进是它的鲜明品质，中国共产党需要继续不断推进马克思主义中国化、时代化和大众化，以适应新时代的变迁和历史的运动。发展的中国需要发展的马克思主义，发展的马克思主义才能为中国共产党提供执政合法性的价值认同。在庆祝中国共产党建党100周年重要讲话中，习近平提出"必须继续推进马克思主义中国化""马克思主义是我们立党立国的根本指导思想，是我们党的灵魂和旗帜""中国共产党为什么能，中国特色社会主义为什么好，归根到底是因为马克思主义行"，这是新时代推进马克思主义中国化的宣言，也是中国共产党长期执政合法性的价值前提。

## 第三节　"人民至上"是中国共产党执政合法性的价值根基

政治"合法性"探讨由来已久,如果从亚里士多德的《政治学》算起已经有两千年的历史,但是把合法性当作社会科学的一个重要概念,并作为重要政治术语进行政治学分析单位是从马克斯·韦伯开始的。要对合法性下一个准确的定义是非常困难也是不现实的。这个概念是一个"仁者见仁,智者见智"的问题。正如著名政治社会学者亨廷顿所言:"合法性(Legitimacy)是政治分析家们尽量避免使用的不易把握的概念。"①无论国外还是国内学者,对于合法性这个概念没有一个统一的定义,从学术史上看可谓五花八门,几乎是各执一词。例如,韦伯认为:"任何统治都企图唤起并维持对它的'合法性'的信仰。"②可以看出,韦伯是从信仰和文化角度来谈论合法性的。德国当代著名思想家哈贝马斯则从"价值"角度来谈论合法性,他说:"合法性意味着某种政治秩序被认可的价值。"③国内给合法性概念定义的有代表性的学者王浦劬认为:"政治统治的合法性就是社会成员对政治统治的承认,就是社会成员对政治统治正当性的认可。"④可以看出,虽然中外学者对于合法性定义差别较大,但是有两个共同点,一个是都从文化价值角度来定义"合法性",把合法性界定为对既有权力或政治统治的"认同",不是靠暴力获得的权力。第二个是不在法律上使用"合法性",因为法律上的合法性是指"合乎法律",是

---

① [美]塞缪尔·亨廷顿:《第三波——20世纪后期民主化浪潮》,刘军宁译,生活·读书·新知三联书店,1998年,第54页。

② [德]马克斯·韦伯:《经济与社会》,林荣远译,商务印书馆,1997年,第239页。

③ [德]尤尔根·哈贝马斯:《交往与社会进化》,张博树译,重庆出版社,1989年,第85页。

④ 王浦劬主编:《政治学基础》,北京大学出版社,1995年,第163页。

主体合乎法律规范,这种法律上的合法性侧重于司法解释角度,政治学或政治哲学强调的是权力要有普遍的价值认同,要有公民的内心普遍信仰、同意、默认或者服从。否则就是不合法的权力,因为不是"认同",而是靠欺骗、恐吓或者暴力。

中国共产党的执政合法性是历史的选择,是人民的选择,是依靠中国共产党自身长期的奋斗获得的,中国共产党的执政是各种因素有机综合的结果。概括来讲,中国共产党的执政合法性是依赖于自身的长期奋斗,依赖于中国特色社会主义伟大事业的成就,依赖于马克思主义与中国实际相结合的科学真理,这三者回答了"中国共产党为什么能""中国特色社会主义为什么好""马克思主义为什么行"三大问题,贯穿以上三点中心线索的"人民至上"执政理念是中国共产党执政合法性的价值基础。

## 一、"人民至上"是"中国共产党为什么能"的价值之源

至 2021 年,中国共产党成立已经整整一百年,这一百年,中国共产党经历了艰苦卓绝的民主革命斗争,建立了中华人民共和国;历经了社会主义工业化和三大改造时期,使中国走上了社会主义这个伟大的道路,消灭了在中国几千年的剥削压迫制度,这是中国历史上一次伟大变革;经历了近三十年的社会主义道路艰难探索时期;开启了改革开放的伟大征程,中国走上了特色社会主义道路,走上了富裕的康庄大道。党的十八大以后,中国特色社会主义进入新时代,中国正迈着康健的步伐朝着富强、民主、文明、和谐、美丽的现代化强国前进,中华民族以从没有过的崭新姿态朝着民族伟大复兴的方向迈进。

过去的一百多年,是中国共产党奋斗的一百多年,是历经磨难的一百多年,是取得一个又一个辉煌成就的一百多年。看不到中国共产党领导中国各族人民所取得的成就,忽视中国共产党经历的艰难曲折都会导致历史虚无

主义。中国共产党的伟大之处不是说没有犯过错误，而是犯错之后能够积极快速地修正和改过并把事业推向前进。

中国共产党之所以能够领导中国各族人民取得辉煌的成就，其根本原因是自始至终都坚持了"人民至上"的价值取向。中国共产党没有自己的特殊利益，只有人民的利益，只有中华民族的利益。

(一)革命时期党的"群众观点"和"群众路线"的出台与运用

建党初期，中国共产党就坚持和运用群众观点和群众路线，坚持"从群众中来，到群众中去"的工作方法和原则。一改过去改良和革命者的方法，走进群众中，靠近群众，发动群众，依靠群众，服务群众。中国共产党的诞生，"使中国革命面貌焕然一新"，"新"在有了坚强的领导核心；有了新的指导思想；有了新的革命目标；特别是"新"在有了新的革命方法——"联系群众"。在人类历史上，只有无产阶级的政党——中国共产党把人民置于如此"至高无上"的地位。毛泽东等第一代中国共产党人树立了"坚信人民群众自己解放自己的观点，全心全意为人民服务的观点，一切向人民群众负责的观点，虚心向群众学习的观点"，并提出了"一切为了群众，一切依靠群众，从群众中来，到群众中去"的群众路线。可以说，群众观点和群众路线的核心就是相信群众，依靠群众，联系群众和服务群众。毛泽东指出："在我党的一切实际工作中，凡属正确的领导，必须是从群众中来，到群众中去。这就是说，将群众的意见(分散的无系统的意见)集中起来(经过研究，化为集中的系统的意见)，又到群众中去作宣传解释，化为群众的意见，使群众坚持下去，见之于行动，并在群众行动中考验这些意见是否正确。然后再从群众中集中起来，再到群众中坚持下去。"①

历史上的剥削阶级势力往往害怕或者忽视人民的力量和利益，采取的

---

① 《毛泽东选集》(第三卷)，人民出版社，1991年，第899页。

是贬低人民群众的精英主义态度，无论是剥削阶级政党还是代表旧力量的知识分子，总是有意无意地把人民大众看作"盲从""群氓"或者"乌合之众"。受到认识上、阶级上和历史上根源的原因，剥削阶级力量总是自觉不自觉地陷入"英雄主义"的唯心史观。

民主革命时期，中国共产党参与领导了大革命，独立领导了土地革命，在抗日战争中坚持了独立自主的原则，并在解放战争中领导中国人民取得了新民主主义革命的伟大胜利，最终使中国人民站起来了。中国共产党之所以能取得这些成就，根本原因是坚持了"人民至上"的革命理念，革命利益至高无上，本质就是人民利益至高无上。中国共产党的初心使命就是为中国人民谋幸福，为中华民族谋复兴。在民主革命过程中，中国共产党经历了两次胜利和两次失败，并通过胜利和失败的对比，最终找到了新民主主义革命的道路。大革命的胜利和失败，使中国共产党发现了敌人的强大和自身的不成熟；土地革命的胜利和失败让中国共产党发现了"左"倾教条主义和关门主义的危害。从两次胜利和失败的对比，使中国共产党找到了中国革命的"三大法宝"——统一战线、武装斗争和党的建设。正是依靠这三个主要法宝，才有后面民主革命的顺利推进和伟大胜利。

过渡时期，中国共产党根据中国具体国情，适时地提出了过渡时期的总路线，并依靠人民群众实事求是地推进了国家工业化和三大改造。虽然工业化一时无法取得根本的突破，但是三大改造取得了基本胜利，在几千年个体经济的汪洋大海消灭了剥削，使中国人民翻身做了主人，真正实现了当家做主，这是中国历史上最伟大的巨变。中国共产党革命的目标就是人民的利益，真正体现了毛泽东提出的"为人民服务"的价值内涵。

三大改造完成以后，中国进入社会主义初级阶段，以毛泽东同志为主要代表的中国共产党人努力探索中国自己的社会主义道路，并取得了一系列的成果，例如党的八大关于中国社会主义社会主要矛盾的正确论述，毛泽东关于正确处理人民内部矛盾的论述。探索的开端以毛泽东所作的《论十大关系》这个报告为标志,其核心思想是为了调动一切积极力量发展社会主义。社会主义道路探索初期中国共产党还提出了一系列积极的方针,如,经济方面实行"统筹兼顾、适当安排"、文化方面坚持"百花齐放、百家争鸣"、共产党与民主党派的关系方面实行"长期共存、互相监督"、民族关系方面实行"民族平等、团结互助"等。但是由于各种复杂原因,从1956年到1976年二十年的时间出现重大的挫折,使社会主义事业遭受重大失误。当然,这种失误是中国共产党历史上的支流而不是主流,我们不能因为否定探索出现的失误而同时否定这二十年中国社会主义事业所取得的成绩,特别是对于探索时期的"文化大革命",我们不能因为否定"文化大革命"而否定了十年"文革"期间中国共产党领导下所取得的一系列成就,不能搞历史虚无主义。中国共产党的伟大不在于不犯错误,而在于发现犯了错误后积极面对、并修正错误。

(二)改革开放和全面建设社会主义现代化强国时期的"以人民为中心"执政理念

1978年党的十一届三中全会开启了改革开放和中国特色社会主义道路的新征程。以邓小平同志为主要代表的中国共产党人重新确立了党的思想路线、政治路线,果断终止了"以阶级斗争为纲"的口号,提出了把党的工作重心转移,适时地抓住机会推进国家的经济文化建设。在党的十二大提出"建设中国特色社会主义",党的十三大提出"一个中心、两个基本点",中国改革开放开始大踏步前进。1992年党的十四大提出了以建设"社会主义市场经济"作为经济体制改革的总目标。

邓小平以"三个有利于"作为衡量党的工作成败得失的标准,"是否有利于生产力的发展"是"是否有利于综合国力的提高"和"是否有利于人民生活水平的提高"的前提基础,而"是否有利于人民生活水平的提高"是"三个有利于"的归宿。中国共产党人改革开放和现代化建设的目的是提高人民的生活水平,是为了人民的利益,而不是自己特殊的利益,把人民的利益当成最高的利益是我党奋斗的出发点和归宿。在实际工作中,邓小平以"人民满不满意""人民答不答应""人民高不高兴"等作为工作得失的标准;为了推进社会主义现代化建设,破除僵化思想,邓小平提出"贫穷不是社会主义""发展太慢不是社会主义"思想;在面对改革过程中出现的客观问题时,邓小平又提出了一系列的"两手抓、都要硬"等指导方针;面对改革过程出现的新问题和新情况,面对"姓社、姓资"的争论时,邓小平又不失时机地提出"胆子大些、步子稳些"等处理争论的重要策略。

面对国际国内形势,面对中国共产党出现的执政能力和消极腐败等问题,以江泽民同志为主要代表的中国共产党人提出了"三个代表"重要思想,即"代表先进生产力发展要求""代表先进文化的前进方向"和"代表最广大人民的根本利益"。"三个代表"提到了物质生产,提到了文化发展,也提到了发展目的,"三个代表"重要思想的宗旨和归宿也是为了人民的利益。

进入 21 世纪,面对新问题和新挑战,以胡锦涛同志为主要代表的中国共产党人提出了科学发展观这一执政理念。科学发展观的核心是"以人为本",这里的"人"就是中国最大多数的人民群众,"以人为本"实质就是以人民的利益为根本,这是中国共产党建党以来的宗旨,也是中国共产党长期执政价值旨归。

党的十八大以来,中国特色社会主义进入新时代,中国共产党继续坚持"为人民服务""群众路线",提出"以人民为中心"和"人民至上"的执政理念,进一步推进中国特色社会主义现代化建设。"打江山、守江山,守的是人民的心","中国共产党根基在人民、血脉在人民、力量在人民"。[①]中国共产党从来不代表任何特权、任何权势和任何利益集团,中国共产党没有自己的特殊利益,始终与人民休戚与共、生死相依。2018 年十三届全国人大一次会议选举习近平继续担任中华人民共和国主席,他号召"一切国家机关的工作人员,

---

①　习近平:《在庆祝中国共产党成立 100 周年大会上的讲话》,《求是》,2021 年第 14 期。

无论身居多高的职位，都必须牢记我们的共和国是中华人民共和国，始终要把人民放在心中最高的位置，始终全心全意为人民服务，始终为人民利益和幸福而努力工作。"

中国共产党始终把人民放在最高的位置，"老百姓是天，老百姓是地"，中国共产党在赶考的路上，书写"以人民为中心"的时代答卷。翻开《习近平谈治国理政》，字里行间透露出来的精神就是"我将无我，不负人民"的"以人民为中心"的情操。

从 2008 年汶川地震到 2020 年新冠肺炎疫情，十多年间我们看到了世界未有之变局，也感受到了中国翻天覆地的变化，但始终不变的是：中国共产党的初心未变，以人民的利益为本未变，为实现中华民族伟大复兴的使命未变。

## 二、"人民至上"是"中国特色社会主义为什么好"的价值之基

作为一种思想的社会主义已经有 500 多年，作为科学社会主义思潮也有 170 多年，从苏维埃俄国算起，作为一种制度的社会主义已经有 100 多年，而中国特色社会主义仅仅 40 多年，但中国特色社会主义正展现出历史上从未有过的力量和前景。

社会主义作为资本主义的对立面产生，体现了人类对于理想社会的价值诉求。"人民至上"是中国特色社会主义之所以"好"的价值之基。中国特色社会主义伟大事业的产生和推进体现了中国共产党勇于担当的魄力，体现了中国共产党为中国人民谋幸福、为中华民族谋复兴的"初心和使命"。正是由于这种"初心与使命"的价值诉求，从而推动中国特色社会主义不断迈向新的台阶。

（一）社会主义、空想社会主义与科学社会主义

社会主义作为一种思潮来源于 16 世纪初，主张整个社会是一个整体，由整个社会控制资源，基于社会整体利益，由社会管理分配社会资源和利益。它是一种相对于资本主义社会的思潮，从字面意思解释，社会主义（socialism）与资本主义（capitalism）是一对相对的概念，前者强调以社会为中心，后者强调以资本为中心。以社会为中心就是以最大多数人的利益为中心，反之，后者主张以资本为中心，实际就是以私人资本为中心，以个人利益为中心。社会主义思潮起源的标志，是 1516 年英国学者托马斯·莫尔的《关于最完美的国家制度和乌托邦新岛的既有益又有趣的金书》，简称《乌托邦》，所以从思潮上看，社会主义已经有 500 年了。空想社会主义对资本主义早期问题提出了尖锐的批判，对未来理想社会的描绘也包含了一些天才火花，但是存在一些致命的缺陷。空想社会主义之所以为空想，主要有三大缺陷，一是没有发现人类社会发展的规律，看不到资本主义制度的本质；二是没有找到改变资本主义的出路；三是没有找到真正改变资本主义社会的力量。空想社会主义"没有能够指出真正的出路。它既不会阐明资本主义制度下雇佣奴隶制的本质，又不会发现资本主义发展的规律，也不会找到能够成为新社会的创造者的社会力量"①。

从空想社会主义与科学社会主义对比角度来看，科学社会主义来源马克思、恩格斯对空想社会主义的批判和继承。马克思主义创立了唯物史观和剩余价值学说，为社会主义走向科学奠定了坚实的理论基础。历史唯物论揭示了人类历史的发展规律，凸显了人民群众在历史中的创造作用，从而展现了社会主义取代资本主义的历史规律和历史画卷；剩余价值学说揭示了资本主义社会商品的奥秘，阐释了劳动力商品和劳动力价值的历史内涵和未

---

① 《列宁专题文集：论马克思主义》，人民出版社，2009 年，第 71 页。

来走向,揭露了资本剥削剩余价值的秘密,展示了资本主义无法克服的矛盾即社会化大生产和资本主义生产资料私人占有之间的矛盾,从而论证了无产阶级肩负的历史使命、变革资本主义的伟大力量及走向未来理想社会的途径。

### (二)中国特色社会主义体现出来的生机活力

中国特色社会主义是近代以来中国无数仁人志士努力探索民族出路的逻辑结论,特别是 1921 年中国共产党成立以来,党领导中国革命、建设和改革的历史结论。中国共产党一经成立就成为中国社会主义思潮和运动的领导者、推动者。经过革命、建设和改革的发展过程,科学社会主义在 21 世纪的中国焕发出强大的生机与活力。中国特色社会主义是社会主义,而且是科学社会主义,符合科学社会主义的一般原则。它与以往的剥削阶级社会截然不同,它是马克思主义与中国实际相结合的产物,是适合中国特色的社会主义,不是资本主义,不是传统社会主义,不是民主社会主义,也不是中国传统社会更替下来的"历史周期"的产物。习近平说:"中国特色社会主义是社会主义而不是其他什么主义,科学社会主义基本原则不能丢,丢了就不是社会主义。"①

中国特色社会主义是接续第一代中国共产党人探索的结果,是从以邓小平同志为核心到以习近平同志为核心的几代中国共产党人领导中国各族人民努力探索的结果。1978 年 5 月《光明日报》发表了一篇题为《实践是检验真理的唯一标准》的文章,开始了真理标准的大讨论,这次讨论已被历史证明是一次伟大的思想解放运动,批判了"左"的错误对党的禁锢,它是中国改革开放的前奏;1978 年 12 月中国共产党第十一届三中全会拉开了中国改革开放的序幕。中国社会主义开始大踏步沿着特色社会主义这一道路前进,随着党的十二大提出的建设"有中国特色社会主义"、党的十二届三中全会提

---

① 《习近平谈治国理政》(第一卷),外文出版社,2018 年,第 22 页。

出的"有计划的商品经济"、党的十三大提出的"社会主义初级阶段"和"初级
阶段的基本路线",中国特色社会主义框架基本成型。1989—1991 年,随着东
欧剧变和苏联解体,世界社会主义运动遇到了重大挫折,中国共产党审时度
势,看准时机,抓住机遇,进一步推进解放思想,进一步深化改革开放。党的
十四大提出了建立社会主义市场经济体制。以江泽民同志为主要代表的中
国共产党人带领全党全国人民战胜了来自国际国内各方面的挑战,成功把
中国特色社会主义推向 21 世纪。党的十六大以后,以胡锦涛同志为主要代
表的中国共产党人提出"科学发展观"执政理念,加强党的执政能力建设,努
力构建社会主义和谐社会,开始了中国特色社会主义的新征程。党的十八大
以来,中国特色社会主义进入新时代,以习近平同志为主要代表的中国共产
党人团结带领全国各族人民,统筹推进"五位一体"的总体布局,协调推进
"四个全面"的战略布局,为推进中国特色社会主义现代化建设取得了历史性
成就。

　　社会主义不是一成不变的,社会主义也是需要改革的,中国特色社会主
义是不断探索改革前进的社会主义,中国特色社会主义之所以能取得辉煌
成就,其根本原因是中国共产党人能够坚持与时俱进,不断推进理论与实际
相结合。邓小平总结说:"把马克思主义的普遍真理同我国的具体实际结合
起来,走自己的道路,建设有中国特色的社会主义,这就是我们总结长期历
史经验得出的基本结论。"①

　　(三)"四位一体"的中国特色社会主义逻辑内涵

　　中国特色社会主义内涵了道路、理论、制度和文化四个方面,是道路、理
论、制度和文化的四位一体。习近平在党的十九大报告中指出:"中国特色社
会主义道路是实现社会主义现代化、创造人民美好生活的必由之路,中国特

---

① 《邓小平文选》(第三卷),人民出版社,1993 年,第 3 页。

色社会主义理论体系是指导党和人民实现中华民族伟大复兴的正确理论，中国特色社会主义制度是当代中国发展进步的根本制度保障，中国特色社会主义文化是激励全党全国各族人民奋勇前进的强大精神力量。"①中国特色社会主义道路、理论、制度和文化内涵了马克思主义和中国共产党人的价值诉求，体现了中国共产党人"人民至上"的价值旨归。

中国特色社会主义道路不是天上掉下来的，它是党和人民历经艰辛和挫折探索出来的，是中国历史发展的逻辑结论，是改革开放和中国特色社会主义现代化实践的凝结。中国特色社会主义道路是在改革开放 40 多年实践中得来的，是在新中国成立 70 多年中国共产党历经艰难刻苦探索出来的，也是在中国共产党领导中国革命的 100 多年伟大斗争中得来的。中国特色社会主义道路是中国人民追求美好生活之路，是国家富强之路。从 1956 年党的八大概括的中国社会主要矛盾是"人民对于建立先进的工业国的要求和落后的农业国的现实之间的矛盾"，到 1981 年党的十一届六中全会提出的中国社会主要矛盾是"人民日益增长的物质文化需要同落后的社会生产之间的矛盾"，再到党的十九大习近平概括的中国社会主义初级阶段的社会主要矛盾是"人民日益增长的美好生活需要和不平衡不充分的发展之间的矛盾"，表明中国特色社会主义进入了新时代。中国特色社会主义道路有无比宽广的舞台，具有深厚的历史底蕴，也需要具有强大的前进定力。我们不能被风险所困，不能被时代变局所惑。任何国家都有自己的发展道路，需要尊重各国发展实际和国情，历史已经证明并将继续证明中国特色社会主义是适合中国国情的道路，将不断推进中国特色社会主义各项事业的发展，并将实现国家富强、民族振兴、人民幸福。习近平指出："我们始终认为，各国的发展道路应由各国人民选择。所谓的'中国模式'是中国人民在自己的奋斗实践中创造的中国特色社会主义道路。我们坚信，随着中国特色社会主义不断发

---

① 习近平：《决胜全面建成小康社会 夺取新时代中国特色社会主义伟大胜利——在中国共产党第十九次全国代表大会上的报告》，人民出版社，2017 年，第 16~17 页。

展,我们的制度必将越来越成熟,我国社会主义制度的优越性必将进一步显现,我们的道路必将越走越宽广,我国发展道路对世界的影响必将越来越大。"①

中国特色社会主义理论是指导中国特色社会主义各项事业发展、促进民族伟大复兴的理论体系。它是在改革开放中逐渐形成的并反映了改革开放的伟大实践,包括邓小平理论、"三个代表"重要思想、科学发展观和习近平新时代中国特色社会主义思想。中国特色社会主义理论体系是马克思主义与当代中国实际相结合的产物,是当代中国的马克思主义。习近平新时代中国特色社会主义思想是中国特色社会主义理论体系的重要组成部分,是21世纪的马克思主义, 是全党全国各族人民实现中华民族伟大复兴的行动指南。党的十八大以来中国共产党带领中国人民所取得的各项成就,归根结底是在习近平新时代中国特色社会主义思想指导下所实现的。在当代中国,坚持习近平新时代中国特色社会主义思想, 就是坚持中国特色社会主义理论体系,实际就是坚持了马克思主义。100年前中国大地发生了"问题与主义之争",胡适认为要"少谈主义,多研究问题",李大钊认为问题之解决离不开"谈论主义"。历史证明,中国革命、建设和改革所取得的成功无不是在理论和"主义"指导下取得的,而之所以理论和主义能带来那么大的影响,能在近代中国产生巨大能量,能深刻改变中国历史,主要是因为理论的科学性和适应性。早在《〈黑格尔法哲学批判〉导言》中,马克思就深刻指出:"理论在一个国家实现的程度,总是决定于理论满足这个国家的需要的程度。"②

中国特色社会主义制度是中国特色社会主义各项事业取得发展进步的根本保障,具有中国特色。它涵盖中国特色社会主义经济、政治、文化、社会和生态等方面,又可以说是"五位一体"制度体系。制度具有长远性、稳定性和持久性,在社会发展中起到非常重要的作用。历史证明,国家发展健康和顺利就是因为制度好的原因;反之,就是没有健康有效的制度体系或者制度

---

① 习近平:《关于坚持和发展中国特色社会主义的几个问题》,《求是》,2019年第7期。
② 《马克思恩格斯文集》(第一卷),人民出版社,2009年,第12页。

没有连贯性、持续性。中国共产党领导下的中国特色社会主义事业在不断推进过程中，各项制度得到不断出台和完善，形成了一系列行之有效的制度体系。例如，中国特色社会主义基本经济制度是以公有制为基础、多种所有制经济共同发展的经济制度，是以按劳分配为主体、多种分配方式并存的制度，是实行社会主义市场经济体制的制度。中国特色社会主义政治制度涵盖根本政治制度和基本政治制度，根本政治制度是人民代表大会制度，基本政治制度是中国共产党领导的多党合作和政治协商制度、民族区域自治制度和基层群众自治制度。协商民主是中国特色社会主义民主制度中具有显著特色的民主形式，具有深厚的中国文化底蕴，是中国共产党和中国人民的伟大创造，是社会主义民主政治中独有、独特、独到的民主形式，因此协商民主具有独特优势。中国共产党的领导是中国特色社会主义最大的制度优势；集中力量办大事是我国国家制度和治理体系中显著优势之一。习近平说过，我们最大的优势是社会主义制度能够集中力量办大事，这也是我们事业的法宝。近两年中国对全球蔓延的新冠肺炎疫情的有效预防和治疗就以铁的事实证明了中国特色社会主义的制度优势——集中力量办大事。当然，制度不是固定不变的，制度像其他事物一样，也是需要变迁的。中国特色社会主义制度也是随着社会变迁而不断变化的制度。需要从实际出发制定新的制度，完善相关制度，以保证持续推进社会主义现代化建设。

中国特色社会主义文化是激励中国各民族奋勇前进的精神力量。"文化是民族的灵魂"，文化是国家和民族的"血脉"，"文化兴则国运兴，文化强则国运强"，文化是一个国家一个民族"凝聚力的表现"。没有文化和核心价值观的支撑与引领，一个国家、民族就会缺乏向心力和凝聚力，就会成为一盘散沙。中国特色社会主义文化传承了中华民族五千年的优秀传统文化，发展于中国共产党领导的中国革命、建设和改革的革命文化和社会主义先进文化，根植于中国特色社会主义伟大实践。文化不仅包括社会科学文化也涵盖自然科学文化，我们既要重视以马克思主义为核心的意识形态文化研究、教育和宣传,还要重视自然科学文化的研究、教育和运用。

总而言之,中国特色社会主义为什么好,好在特色社会主义"路"走得对,"理论"行得通,"制度"具有优势,"文化"具有凝聚力;中国特色社会主义好,好在体现了以人为本、以人民为中心;中国特色社会主义好,好在深深灌注了中国共产党人的"初心和使命",好在贯穿在中国特色社会主义中的"人民至上"的价值根基。

## 三、"人民至上"是"马克思主义为什么行"的价值之魂

"中国共产党为什么能,中国特色社会主义为什么好,归根到底是因为马克思主义行。"①这是习近平在庆祝中国共产党成立 100 周年重要讲话中的重要论断。这个论断是总结马克思主义发展史本身的结论,是总结马克思主义产生以来世界历史发展进程的结论,是总结 1840 年以来中国社会变迁历史的结论,也是关于中国共产党成立 100 年来运用马克思主义进行革命、建设、改革和现代化建设获得的经验、成就的概括。

马克思主义行,是因为马克思主义揭示了自然、人类社会的发展规律,是关于社会主义代替资本主义、最终实现共产主义的学说,是关于无产阶级解放、全人类解放和每个人自由全面发展的学说,是指引人们创造美好生活的行动指南。马克思主义内涵丰富,简单归纳,其涵盖了马克思主义哲学、马克思主义政治经济学和科学社会主义三大部分。

实质上而言,马克思主义之所以行,是因为贯穿在马克思主义的中心线索和核心是无产阶级的自由和解放。在近代以来的中国,马克思主义之所以行,是因为中国共产党把马克思主义运用于中国实际,使中国革命、建设和改革取得伟大的胜利。马克思主义之所以行,根本理由是因为内涵于马克思

---

① 习近平:《在庆祝中国共产党成立 100 周年大会上的讲话》,《求是》,2021 年第 14 期。

主义精髓的是"人民至上"的价值理念。

（一）马克思主义提供了科学的世界观和方法论

辩证唯物论和历史唯物论是中国共产党人的世界观和方法论。马克思主义的基石是辩证唯物主义和历史唯物主义，毛泽东曾经说过，马克思主义有几门学问，但基础的是马克思主义哲学。马克思主义哲学的基础部分是马克思主义唯物论。辩证唯物主义科学地阐述了千变万化世界的物质统一性原理。世界是物质的，物质是运动变化的，运动变化的物质世界是有规律的。这就要求我们坚持实事求是去面对世界、面对问题、解决问题。因为，既然世界是物质的，这就要求在实际生活中面对客观物质世界和物质事件，而不是采取主观主义的态度，夸大精神的作用。毛泽东认为马克思主义的精髓就是"实事求是"，何为"实事求是"呢，毛泽东有过通俗而经典的表述，"实事"就是客观存在的一切，"是"就是规律，"求"就是探求、研究，一句话，从客观实际中探求规律就是实事求是。

马克思主义告诉我们，社会也是物质的。因为人类来源于自然界，人类获得物质资料的活动也离不开自然界，也是物质的活动。实践是勾连自然与社会的桥梁。人是具体的、现实的，不是离群索居的动物，所以马克思说："人的本质不是单个人所固有的抽象物，在其现实性上，它是一切社会关系的总和。"①马克思主义告诉我们，人类社会历史是一个客观的自然过程，历史是人的历史。人们自己创造自己的历史，人是历史的剧作者，也是历史的剧中人。历史有自己的规律，历史根据自己的矛盾规律不断前进。社会是在生产力与生产关系、经济基础与上层建筑两对基本矛盾的对立与斗争中前进的。生产关系要适应生产力，上层建筑要适合经济基础，生产力是历史的最终决定力量。

---

① 《马克思恩格斯选集》（第一卷），人民出版社，2012年，第135页。

辩证唯物主义和历史唯物主义揭示了马克思主义世界观和方法论，要求我们运用唯物辩证法思考、分析和解决问题。辩证法的实质与核心就是对立统一规律，决定了矛盾分析法是认识事物的根本方法。"辩证法的宇宙观，主要地就是教导人们要善于去观察和分析各种事物的矛盾的运动，并根据这种分析，指出解决矛盾的方法。"①矛盾分析法需要注意分析矛盾的特殊性，分析矛盾的特殊性就是"具体问题具体分析"。"马克思主义的最本质的东西，马克思主义的活的灵魂，就在于具体地分析具体的情况。"②

习近平根据马克思主义唯物论的基本原理，结合当代中国改革新的实际情况，继续阐述了马克思主义辩证思维方法，强调了中国共产党掌握马克思主义辩证思维能力的重要性，还强调了历史思维、底线思维、战略思维、创新思维等马克思主义思维方法的重要性。"我国改革已经进入攻坚期和深水区，进一步深化改革，必须更加注重改革的系统性、整体性、协同性，统筹推进重要领域和关键环节改革。"③

(二)马克思主义展示了未来理想社会的康庄大道

马克思主义是科学的理论体系，揭示了人类社会发展的一般规律和资本主义社会的特殊规律。从人类社会发展的五种社会形态来讲，人类将经过原始社会、奴隶社会、封建主义社会、资本主义社会和社会主义社会；从三种社会形态来讲，马克思主义认为，人类社会从"人的依赖"社会、"物的依赖"社会将迈进"每个人自由全面发展"的社会。马克思主义坚信人类社会的进步性，指出了人类历史的发展趋势。马克思主义也指出了社会形态的前进性与曲折性并存，指出历史的前进性，并没有否定历史的曲折性。所以，马克思主义否定历史的循环论和历史直线论。循环论忽视历史的前进，看不到社会

---

① 《毛泽东选集》(第一卷)，人民出版社，1991 年，第 304 页。

② 同上，第 312 页。

③ 《习近平关于全面深化改革论述摘编》，中央文献出版社，2014 年，第 30 页。

的进步。直线论看不到历史的曲折性和人类社会发展过程中的挫折。

马克思主义根据历史的一般规律揭露了资本主义社会发展的趋势,它必将被社会主义社会所取代。在《共产党宣言》中马克思指出了"两个必然",即资本主义必然灭亡和社会主义必然胜利。但随着时代的推进,马克思主义也发现了历史发展的曲折性,根据时代的复杂性,提出了两个"决不会",马克思指出:"无论哪一个社会形态,在它所能容纳的全部生产力发挥出来以前,是决不会灭亡的;而新的更高的生产关系,在它的物质存在条件在旧社会的胞胎里成熟以前,是决不会出现的。"①

历史事实也证明了马克思主义的真理性,从 1848 年马克思主义诞生以来,全世界无产阶级逐渐有了科学的思想武器,从欧洲三大工人运动,到巴黎公社工人阶级夺取权力的第一次试验;科学社会主义从理论到现实;社会主义从苏维埃俄国一个国家到多国的出现,无不展示了马克思主义的威力,也体现了马克思主义的普遍真理性。

但是 1989—1991 年东欧剧变和苏联解体的出现,意味着国际共产主义运动遇到了重大的挫折,而恰在这时,资本主义代言人高呼社会主义和共产主义的失败。所谓"历史终结论""崩溃论""丧钟论"不绝于耳。实际上,东欧剧变并不是马克思主义的失败,恰恰证明了苏东对待马克思主义的形而上学态度,法国著名学者德赛认为:"让我们回忆一下马克思勉强做出的关于资本主义之后应该出现什么社会的预言吧!它将是社会主义,这段时间之后接着是共产主义。但是,它会怎样到来,是个什么样子以及它如何运作,这些都是他所没有触及的问题。"②德赛认为苏东问题不是马克思主义的失败,反而证明了"马克思的复仇"——复仇苏东执政党的教条主义和形而上学。历史事实恰恰验证了马克思主义的"两个必然"与"两个决不会"的预见。

随着全球化的推进,各国相互联系、相互发展,世界历史展现出了"你中

---

① 《马克思恩格斯选集》(第二卷),人民出版社,2012 年,第 3 页。

② [英]梅格纳德·德赛:《马克思的复仇》,汪澄清译,中国人民大学出版社,2006 年,第 340 页。

有我，我中有你"的相互交织的历史画面，资本主义发生了一系列的变化，但是资本主义并没有实质性的变化，还是社会化大生产和生产资料私人占有之间的矛盾，资本主义本身无法解决这个矛盾，最终会被新的社会形态所取代。可以说，今天我们距离马克思、恩格斯发表的《共产党宣言》已经170多年了，世界历史发生了巨变，当今世界已经进入了"百年未有之变局"，但是资本主义本质未变，世界现状还在为马克思主义做"注脚"。习近平认为："尽管我们所处的时代同马克思所处的时代相比发生了巨大而深刻的变化，但从世界社会主义500年的大视野来看，我们依然处在马克思主义所指明的历史时代。"

马克思主义描绘了未来社会的魅力画卷，在这个社会中，消除了旧式的社会分工，劳动不是单一的谋生需要，而是"第一需要"，人们自由时间越来越多，休闲的时间增加，而不是过去为别人创造休闲时间的剩余劳动时间。人们从各种被支配的异己力量中解放出来，实现从"必然王国"到"自由王国"的飞跃。"那时，人摆脱了自然经济条件下对'人的依赖关系'，也摆脱了商品经济条件下对'物的依赖关系'，实现了人的'自由个性'的发展。"①

(三)马克思主义指引了美好生活的现实之路

马克思主义与中国实际相结合，创造了"革命的奇迹"。近代中国，是一个积贫积弱、危机四伏、面临被瓜分的落后国家，各种力量都在寻求国家的出路。无论是单纯的农民战争，还是先进地主阶级试图挽救民族危亡的改革；无论是资产阶级知识分子的奋起改良，还是资产阶级的革命，都没有使中国人民站起来，也不能让中华民族走向独立，他们成了历史的匆匆过客。在马克思主义的指导下，在中国共产党的领导下实现了民族独立和人民解放，1949年10月1日宣布中华人民共和国成立，并宣告了中国人民从此站

---

① 《马克思恩格斯全集》(第30卷)，人民出版社，1995年，第107~108页。

起来了。继而在 1956 年完成了三大改造,使中国走上了没有剥削、没有压迫的社会主义社会。

马克思主义与中国实际相结合,创造了"发展的奇迹"。中国共产党继续推进马克思主义中国化、时代化和大众化,使马克思主义继续与中国实际相结合,开辟了改革开放的中国特色社会主义道路,迈步在中华民族伟大复兴的康庄大道上。马克思主义与中国当代实际相结合,产生了中国特色社会主义理论体系,邓小平是这个体系的开创者。党的十八大以来,中国特色社会主义进入新时代,以习近平同志为核心的党中央继续推进了中国特色社会主义理论体系的发展,形成了习近平新时代中国特色社会主义思想。当代中国,马克思主义是引领中国发展的行动指南,它是我们的看家本领,掌握这个看家本领,就能够以更加宽广、更加宏大的视野去认识世界,去应对挑战,去抵御风险,解决重大矛盾,赢得重大发展。习近平在党的十九大报告中指出:"全党同志一定要永远与人民同呼吸、共命运、心连心,永远把人民对美好生活的向往作为奋斗目标,以永不懈怠的精神状态和一往无前的奋斗姿态,继续朝着实现中华民族伟大复兴的宏伟目标奋勇前进。"①

## 四、结　论

总之,中国共产党为什么"能",中国特色社会主义为什么"好",马克思主义为什么"行",其根本原因在于贯穿其中的"人民至上"的执政理念。中国共产党是中国特色社会主义的领导力量,中国共产党的领导是中国特色社会主义最本质的特征;中国特色社会主义是在马克思主义指导下中国共产党艰难探索的结果,它内涵中国特色社会主义道路、理论、制度和文化四位一体;马克思主义是中国共产党和中国人民的思想武器,在中国共产党领导

---

① 习近平:《决胜全面建成小康社会 夺取新时代中国特色社会主义伟大胜利——在中国共产党第十九次全国代表大会上的报告》,人民出版社,2017 年,第 1 页。

下，马克思主义将继续与中国实际相结合，将继续指引中国社会主义现代化建设事业的发展。

"人民至上"的价值理念保证了中国共产党执政的合法性。在庆祝中国共产党成立 100 周年大会上的讲话中，习近平豪迈地喊出口号："伟大、光荣、正确的中国共产党万岁！""伟大、光荣、英雄的中国人民万岁！"两个"万岁"内涵了中国共产党是中国特色社会主义事业的领导核心，也内涵了中国共产党的依靠力量是亿万人民群众，也体现了中国共产党始终秉持的"人民就是江山，江山就是人民"的"人民至上"的价值理念。

# 附录:
# 中国共产党推进全面深化改革的马克思主义思维方法研究①

中国共产党之所以取得革命、建设和改革的伟大成就,是因为始终坚持并结合中国实际创新马克思主义的思维方法。党的十八大以后,中国特色社会主义进入新时代。党的十八届三中全会以来中国共产党推行了全面深化改革的一系列重大举措。习近平多次讲话强调共产党要学好用好马克思主义思维方法:习近平在 2015 年 1 月 23 日中央政治局第二十次集体学习时作了"坚持辩证唯物主义世界观方法论,提高解决我国改革发展基本问题本领"的重要讲话;2018 年 5 月 4 日在《纪念马克思诞辰 200 周年大会上的讲话》中强调"坚持和运用辩证唯物主义和历史唯物主义世界观和方法论,……真正把马克思主义这个看家本领学精悟透用好";2019 年 1 月 1 日《求是》杂志发表习近平的重要文章《辩证唯物主义是中国共产党人的世界观和方法论》。这些表明,从马克思主义思维方法视角对中国共产党推行的全面深化改革进行探究,归纳总结全面深化改革的思维方法,形成中国共产党推进全面深化改革的思维方法整体认知,并为进一步推进新时代中国特色社会主义事业发展提供马克思主义方法论指导就显得尤为重要,值得并需要学界去思考和研究。党的十八大以后,国内学界如顾海良、程恩富、苏伟、高玉林

---

① 该成果是 2021 年云南省教育厅社科基金研究报告。有删改。

等学者从不同方面研究了全面深化改革的马克思主义"唯物论基础""辩证法前提""历史唯物论逻辑""价值论核心"等思维方法问题。①笔者将在前人研究的基础上以马克思主义哲学方法论为基础，进一步探讨全面深化改革的马克思主义思维方法的生成逻辑、核心内涵和意义，以期深化对这一问题的研究。

## 一、中国共产党推进全面深化改革的马克思主义思维方法生成逻辑

党的十八大以来，中国共产党坚持以马克思主义思维方法推进全面深化改革不是无中生有的决策和行为，而是有其深刻的历史渊源和生成逻辑。中国共产党从一个领导人民进行革命的党到成为执掌全国政权的执政党是其今后运用马克思主义思维方法推进全面深化改革的基础。其中，展现了马克思主义矛盾学说的"斗争性"与"同一性"相互转化的定律，也体现了革命党以斗争性为主转向以同一性为主的辩证法；从党的十一届三中全会确立改革开放的基本国策，到1980年邓小平提出"以经济建设为中心"，再到以胡锦涛同志为主要代表的中国共产党人提出的"以人为本"的发展理念，是马克思主义有关改革发展的思维方法的逻辑展开。从中可以管窥到马克思主义矛盾学说的关于主次矛盾与矛盾主次方面学说相互转化的理论，也凸显了从"经济建设为中心"转向"以人为本"为发展重点的矛盾转化学说；中国特色社会主义进入新时代，以习近平同志为核心的党中央提出的"以人民为中心""人民至上"的发展理念，这是马克思主义思维方法在全面深化改革开放中的主线。突出了历史唯物主义关于人民群众是历史的创造者、群众路

---

① 代表性研究成果有：顾海良：《习近平改革思想蕴含的底线思维 在根本性问题上不犯颠覆性错误》，《人民论坛》，2013年第36期；程恩富：《改革的五大思维和工作方法》，《人民论坛》，2014年第12期；苏伟：《论马克思主义方法论革命的历史意义》，《马克思主义研究》，2014年第1期；高玉林：《马克思主义与当代中国问题：资本的域界与约制》，复旦大学出版社，2016年。

线和以人民为本的价值诉求与执政理念的辩证法。

从革命党到执政党,从执政党到"以经济建设为中心"的党到"以人为本"的执政理念,再到"人民至上"的理念,展现了马克思主义辩证法的矛盾分析法,体现了主次矛盾相互转化的学说,也凸显了马克思主义辩证唯物主义和历史唯物主义根本方法论和思维方法的统一。

(一)从革命党到执政党的历史转换

革命需要马克思主义的思维方法,建设也需要运用马克思主义的思维方法。以毛泽东同志为主要代表的中国共产党人把马克思主义与中国实际相结合创立了毛泽东思想,在 28 年的艰苦卓绝的革命奋斗中终于迎来了胜利,并在 1949 年 10 月 1 日宣告了中华人民共和国的诞生和中央人民政府的成立。中国新民主主义革命的胜利是经历过两次胜利和两次失败的对比,经历过以往历史没有过的磨难才取得的。中国革命的胜利是中国共产党的胜利,是人民的胜利,是马克思主义的胜利,也是中国化马克思主义的胜利。马克思列宁主义从来没有论述过农民占多数的殖民地和半殖民地国家的革命道路问题,以毛泽东同志为主要代表的中国共产党人坚持把马克思主义中国化,创建了毛泽东思想,找到了新民主主义革命道路,推翻了三座大山,实现了革命的胜利,使中国人民站起来了。1949 年 10 月 1 日,中华人民共和国的成立标志着中国共产党成为全国的执政党。

新中国成立后,中国共产党继续坚持实事求是的思想路线,继续高举马克思列宁主义和毛泽东思想,相继完成了国民经济的恢复,解决了"土地改革"、镇反和抗美援朝的三大历史任务,并进行了党的整风运动,为三大改造和走上社会主义道路打下了坚实的基础。

以毛泽东同志为主要代表的中国共产党人坚持中国特色社会主义改造道路,平稳地实现了农业、手工业和资本主义工商业的社会主义改造,最终在 1956 年宣告我国已经步入社会主义。社会主义的建立,标志占世界人口最多的中国已经消灭了剥削制度，人民翻身做了主人，人民参与社会建设的主动性和积极性大大提升。

一般而言，从革命党到执政党的转变也意味着党的主要历史任务的转变，新中国成立初期的继续完成民主革命的三大运动和社会主义三大改造继续需要高举革命的旗号，进入社会主义后，执政党的主要任务是经济建设，以抚平战争创伤和改善人民生活。1956 年党的八大修改党章的报告中，邓小平指出："执政党的地位，使我们党面临着新的考验。"[①]毛泽东在新中国成立后也论述了发展经济建设的重要性及其措施，例如，他曾指出："我们不但善于破坏一个旧世界，我们还将善于建设一个新世界。"[②]但是由于对形势的错误估计，执政党继续推行了以阶级斗争为纲的错误方针，导致社会主义道路探索过程中错误的路线压倒了正确的路线，"左"倾错误走上了极端，导致了"文化大革命"的动荡。

也就是说，成为执政党后，特别是社会主义革命后，中国共产党需要把政策转到社会主义经济建设上来，而执政党没有抓住这个机会。当然，历史不能假设，无论如何，由革命党转向执政党为中国共产党继续坚持马克思主义思维方法推进经济建设，推进改革开放的伟大事业提供了历史条件。

中国共产党的伟大不在于不会犯错误，而是犯了错误后会积极地修正错误。1978 年 5 月《光明日报》发表了《实践是检验真理的唯一标准》一文，开始了一场思想解放运动，它使中国人明白"两个凡是"是教条主义，是"左"倾错误，是个人崇拜。党的十一届三中全会的召开是中国共产党历史的一次重大转折，它重新恢复了实事求是的思想路线，重新确立了党的政治路线，停止使用"以阶级斗争为纲"的口号，它拉开了中国改革开放的伟大序幕。

---

① 《邓小平文选》(第一卷)，人民出版社，1994 年，第 214 页。
② 《毛泽东选集》(第四卷)，人民出版社，1991 年，第 1439 页。

　　（二）以经济建设为中心到以人为本的逻辑展开

　　从 1978 年到党的十六大,在以邓小平同志为主要代表的中国共产党人和以胡锦涛同志为主要代表的中国共产党人的集体领导下,中国改革开放取得了伟大成就。国家经济快速发展,人民生活水平普遍提高,政治民主化水平也相对提高,文化事业也稳步前行,社会事业也有很大进步。这一切成就主要是围绕邓小平"以经济建设为中心"的发展理念下逐渐取得的。1981年党的十一届六中全会通过了《关于建国以来党的若干历史问题的决议》,标志着党的拨乱反正的结束;1982 年党的十二大的召开,正式提出了"建设有中国特色的社会主义";1987 年党的十三大,执政党提出了社会主义初级阶段和党在初级阶段的基本路线,简单概括为"一个中心,两个基本点"的路线。"一个中心"即"以经济建设为中心"①。从 1978 年以后邓小平多次提到经济建设的重要性,多次在重要场合强调需要以"经济建设为中心"。关于为什么要发展,邓小平认为社会主义应该比资本主义有更多的优越性,经济也能取得更快的发展,他指出:"经济长期处于停滞状态不能叫社会主义。"②;1992 年的南方谈话,邓小平进一步强调了发展的重要性,并把发展生产力提高到马克思主义重要性的地位。他指出过,讲社会主义,首先就要使生产力发展,这是主要的。在南方谈话中,邓小平直接抛出了关于社会主义本质的论述,以区别过去"左"倾错误有关社会主义本质的结论,"社会主义的本质,是解放生产力,发展生产力,消灭剥削,消除两极分化,最终达到共同富裕"③。接着,邓小平认为,发展对于中国极其重要,不发展就是死路一条,发展应该摆在所有问题的第一步,"发展是硬道理"④。关于得到什么样的发展,邓小平

---

①　胡绳主编:《中共党史 70 年》,中共党史出版社,1991 年,第 451 页。

②　《邓小平文选》(第二卷),人民出版社,1994 年,第 312 页。

③　《邓小平文选》(第三卷),人民出版社,1993 年,第 373 页。

④　同上,第 377 页。

强调发展速度并按照规律办事。邓小平认为我们耽误了很多时间,在那段时间,世界许多国家得到了快速发展,我们应该赶上去,"贫穷不是社会主义,发展太慢不是社会主义""如果经济老是停留在低速度,生活水平就很难提高"。①

从党的十一届三中全会到党的十六大,中国改革开放取得了前所未有的成绩,这是我们必须肯定的。但是由于社会主义初级阶段的国情、我国在21世纪新阶段的阶段性特征,加上对当代世界发展实践和理念的借鉴,以及对世界各国发展经验教训的总结,党的十六大后,以胡锦涛同志为主要代表的中国共产党人提出了"科学发展观"。党的十六届三中全会通过了《关于完善社会主义市场经济体制若干问题的决定》,《决定》提出"坚持以人为本,树立全面、协调、可持续发展观,促进经济社会和人的全面发展"②,科学发展观的核心是"以人为本",其要求是"全面、协调、可持续",其发展方法是"五个统筹",其实质是"又好又快发展"。

从"以经济建设为中心"向"以人为本"的转变,是发展理念的转变,也是中国共产党思维方法的转变。因为无论是"以经济建设为中心"还是"以人为本"都是根据当代中国实际不同阶段所做出的不同关于发展的判断,都是马克思主义世界观和方法论在当代中国的反映,是当代中国不同具体阶段的有关发展的思维方法。但是这两种发展理念和发展思维方法并不是割裂的或者说是相对的,它们是统一的。"以经济建设为中心"是中国改革发展的前提,"以人为本"是改革发展的目的。离开了经济发展,一切都是空的,离开了以人为目的的发展是虚妄的。历史上有很多经验教训告诉我们,不发展经济不改善人民生活就是死路一条,历史也告诉我们,不把以人的发展作为目的的发展也是绝路。

---

① 《邓小平文选》(第三卷),人民出版社,1993年,第255、354页。

② 中共中央党史研究室:《中国共产党九十年》,中共党史出版社,2016年,第898页。

（三）以人民为中心的逻辑主线

从"以经济建设为中心"到"以人为本"是发展理念的转变，同样从"以人为本"向"以人民为中心"也是发展理念的转换。实际上，三者是高度一致的，统一于中国特色社会主义的伟大实践，统一于"一切为了人民"的马克思主义群众路线。发展理念的转换也是发展思路和发展方法的转换。"以人为本"强调不要"以物为本"，物是人们的工具和手段，不能以物为目的，否则发展就走偏了方向，导致发展的"异化"。早在1848年，马克思和恩格斯在《共产党宣言》中就宣告"每个人的自由发展是一切人自由发展的条件"，这就是人类发展的至高目标，也是中国共产党建党以来所追求的崇高目标。"以人为本"本质上就是以人民的利益为本，而人民是一个国家占绝大多数的群体，是符合历史发展的群体，是推动历史前进的力量。

党的十八大以后，在思想文化工作会议、文艺工作和新闻座谈会等场合，习近平就多次号召"以人民为中心的工作导向"。在党的十八届五中全会上，习近平正式提出了"必须坚持以人民为中心的发展思想，把增进人民福祉、促进人的全面发展作为发展的出发点和落脚点"[1]。所以，"坚持以人民为中心"是党的十九大之前的响亮提法，体现了党的十八大以来中国共产党人的做法和实践。"以人民为中心"是对党的"初心和使命"的继续坚守，是"为人民服务""有利于生活水平的提高""代表最广大群众的利益""以人为本"执政和发展理念的继续推进和逻辑演进。

党的十八大以来，中国特色社会主义进入新时代，中国共产党继续坚持"为人民服务""群众路线"，提出"以人民为中心"和"人民至上"的执政理念，进一步推进中国特色社会主义现代化建设。"打江山、守江山，守的是人民的心"，"中国共产党根基在人民、血脉在人民、力量在人民"[2]中国共产党始终

---

① 中共中央文献研究室编：《十八大以来重要文献选编》（上），中央文献出版社，2014年，第70页。
② 习近平：《在庆祝中国共产党成立100周年大会上的讲话》，《求是》，2021年第14期。

把人民放在最高的位置，"老百姓是天，老百姓是地"，中国共产党在赶考的路上，书写"以人民为中心"的时代答卷。翻开《习近平谈治国理政》，字里行间透露出来的精神就是"我将无我，不负人民"的"以人民为中心"的情操。

## 二、中国共产党推进全面深化改革的马克思主义思维方法的整体内涵

思维方法是一个庞大的体系，同样，马克思主义思维方法是一个有机体系。简单概况马克思主义思维方法，它包括宏观、中观和微观三个层次：宏观层次主要指马克思主义哲学思维层次，包括辩证唯物主义和历史唯物主义；中观层次主要指具体的各种辩证法、唯物论、认识论、历史唯物论和价值论方法规律和范畴；微观层次主要指各种具体生活、工作和学习的思维能力。而中国共产党推进全面深化改革的马克思主义思维方法是针对当代中国进入新时代后，中国共产党领导中国人民推进各项事业改革发展所坚持的马克思主义思维方法，是一个体系，被穿插运用在当代中国改革开放的事业中。笔者认为中国共产党在推进全面深化改革的过程中，充分运用了马克思主义辩证唯物主义和历史唯物主义，并把马克思主义思维方法的宏观、中观和微观三个层次有机地辩证地运用在当代中国推进全面深化改革的过程中。

当然，中国共产党推进全面深化改革是一个有机系统的工程，并不是先有一个宏观、中观和微观思维方法在等待中国共产党各层次去运用，而是在变化的现实基础上，中国共产党灵活地辩证地运用了这些思维方法，这些思维方法被灵活地运用于中国改革实际。

因此，笔者也是灵活有机地根据中国共产党推进全面深化改革实际运用马克思主义思维方法去梳理、阐释马克思主义思维方法。在研究中，笔者并没有具体指出哪些是宏观的思维方法，哪些是中观和微观思维方法。否则，这种研究本身就走了一条背离马克思主义思维方法的道路。而且，本书

所提及的思维方法有时就是方法论层次。因为,宏观上或者哲学上的思维方法就是方法论。

（一）全面深化改革的思维方法唯物论基础——以问题为导向

1."以问题为导向"就是坚持了辩证唯物主义思维方法

从问题出发,发现问题,分析问题,解决问题。这体现了马克思主义唯物主义方法论,是马克思主义思维方法的基础,是中国共产党推进全面深化改革的基础性思维方法。辩证唯物主义认为,世界是物质的,物质是运动的,运动是有规律的,这就要求我们坚持实事求是,面向事物本身,努力发挥主观能动性,认识事物的规律,发现问题,解决问题。中国改革也面临同样的问题,在 2013 年党的十八届三中全会,习近平指出:"改革是由问题倒逼而生,又在不断解决问题中得以深化。"中国改革进入深水区,中国共产党推进全面深化改革面临的问题十分复杂,也十分棘手,需要党的领导人的气魄和定力,也需要领导人遵循马克思主义唯物论思维方法。当下中国改革面临的问题主要有:供给侧结构性问题、产业结构调整问题、国内大循环与国内国际双循环问题、发展不平衡和不充分问题、消费需求动力不足问题、国家安全和稳定性问题、腐败集中高发、生态安全以及公平正义等一系列问题。这些问题都是客观存在的, 是发展中凸显的, 解决这些问题需要党的团结和智慧。中国共产党根据问题的客观性采取了一系列政策和措施力争解决这些问题。例如,加快产业转型,调节政府与市场的关系,建设生态文明,解决制度"天花板"问题,突破利益藩篱,对腐败继续采取高压手段,等等。正如辛向阳指出的,我们需要"中国经济发展遇到一系列问题,问题倒逼改革,改革解决问题"①。

---

① 辛向阳:《问题倒逼改革 改革解决问题》,《马克思主义研究》,2014 年第 1 期。

2.坚持"以问题为导向"的全面深化改革必须"解放思想"

解放思想本质上就是打破观念迷信，面对新问题，寻找解决问题的方法。邓小平说："解放思想就是使思想和实际相符合，使主观和客观相符合，就是实事求是。"[①]"以问题为导向"体现了对世界本身的尊重，体现了对事实的尊重，是辩证唯物主义的基本原则。世界统一于物质，不是统一于精神，要求我们从现实出发，而不是从观念出发。全面深化改革要求执政党从问题出发，而不是从想象出发，不是从观念出发，这就是唯物主义，是马克思主义的唯物主义。"以问题为导向"在行为上必然会反对教条主义，教条主义坚持静止的形而上学的观点，把世界历史看作是静态的，对待历史采取静观的思维方法。教条主义背离了现实，与哲学上的形而上学是相吻合的。马克思主义认为："意识在任何时候都只能是被意识到了的存在。"[②]从反对"两个凡是"，到反对"姓社、姓资"的争论，再到习近平提倡的"以问题为导向"的改革，其实都是反对教条主义的重要思维方法。

3.坚持"以问题为导向"就是坚持了"实事求是"

毛泽东在《改造我们的学习》一文中指出了实事求是的科学含义。"实事"就是客观存在的一切事物，"是"就是规律，"求"就是研究、探究与发现，合起来，"实事求是"就是从客观的现实中找出和发现规律。实事求是就是要求从客观的现实出发，从变化的现实出发。当前，实事求是要求中国共产党在推进深化改革的过程中需要从坚持中国特色社会主义实践出发，立足改革实践，发现问题，分析问题并解决问题。当前，中国改革处于深水区，各项改革全面推动，有些改革牵一发而动全身，需要谨慎行事，也需要党的智慧，需要马克思主义唯物论的世界观和方法论来防范改革带来重大安全问题。在世界百年未有之大变局时代，推进全面深化改革的系统工程需要坚持马克思主义唯物论。

---

① 《邓小平文选》(第二卷)，人民出版社，1994年，第364页。

② 《马克思恩格斯文集》(第一卷)，人民出版社，2009年，第525页。

　　(二)全面深化改革的思维方法辩证法灵魂——矛盾分析法

　　矛盾分析法是分析事物的根本方法。在推进全面深化改革的过程中,我们不仅要分析矛盾的斗争性和同一性,还要分析矛盾的普遍性和特殊性以及矛盾的主次之分,只有坚持马克思主义唯物辩证法思维方法才能沿着正确的道路推进改革开放。

　　1.运用矛盾的斗争性和同一性相互关系原理推进全面深化改革

　　马克思主义认为,世界处于联系之中,有联系就有矛盾,有矛盾就有对立和统一。对立和统一的结合就是矛盾。矛盾有两个基本属性,一个是矛盾的同一性,一个是矛盾的斗争性。"同一性"即事物之间和事物内部各要素之间相互影响、相互作用、相互转化的关系;"斗争性"是指事物之间和事物内部各要素之间相互排斥、相互分离的关系。毛泽东说:"辩证法的宇宙观,主要地就是教导人们要善于去观察和分析各种事物的矛盾运动,并根据这种分析,指出解决矛盾的方法。"①矛盾的同一性和斗争性共同推动了事物的联系和发展,有些时候,矛盾的同一性占主导地位,有些时候矛盾的斗争性占据主导地位,这就要求我们善于观察事物的变化,不能形而上学处理各种复杂矛盾。另外,矛盾的同一性不是说提倡没有差别的矛盾,西周史伯有言"和实生物,同则不继";强调斗争性不是没有统一,社会主义现代化建设时期,我们提倡构建"社会主义和谐社会"。在推进全面深化改革的社会主义新时代,中国共产党善于运用马克思主义矛盾分析法,重视利用矛盾的两个属性去分析、解决问题。

　　社会主义也是有矛盾的时期,其基本矛盾还是生产力与生产关系、经济基础与上层建筑的矛盾。中国共产党向来善于把握矛盾、分析矛盾,并利用矛盾分析法解决现实中出现的矛盾。1978年开始的改革开放就是在邓小平

---

　　① 《毛泽东选集》(第一卷),人民出版社,1991年,第304页。

同志为主要代表的中国共产党人的领导下,分析国内国际矛盾,厘清社会基本矛盾的情况下展开的。党的十一届三中全会开启的改革,其中心任务就是调整生产关系不适应生产力发展和上层建筑不适应经济基础的问题。对生产关系的调整主要是对生产资料所有制的改革,适度放开非公有制发展,以繁荣经济、发展生产、解决就业、稳定社会。因为改革前的中国推行的完全的公有制,这种公有制大而全、小而全,加上传统的计划经济,限制了经济和社会的发展。对上层建筑的改革实际上是对政治体制的调整和对思想上层建筑的改革,以适应和推动经济基础的发展。

今天,全面深化改革需要继续坚持对矛盾的两个基本属性进行分析。习近平指出:"只有把生产力和生产关系的矛盾运动同经济基础和上层建筑的矛盾运动结合起来观察,把社会基本矛盾作为一个整体来观察才能全面把握整个社会的基本面貌和发展方向。"[①]

2.运用矛盾的普遍性和特殊性关系原理推进全面深化改革

马克思主义认为,有联系就有矛盾,矛盾是普遍存在的,俗话说"事事有矛盾,时时有矛盾",这就要求人们在处理问题时要有分析普遍矛盾的思路和方法。另外,矛盾又有特殊性,正如莱布尼茨提到的,"世界没有两片相同的树叶",同理世界也没有两件完全一样的事件和矛盾。矛盾的特殊性就是指,不同事物具有不同的特征,同一事物在不同侧面也表现出不同特征,同一事物在不同发展阶段也有不同特征。这就要求我们面对不同事物需要采用不同的思维方法。列宁将其概括为"具体问题具体分析"。毛泽东认为:"马克思主义最本质的东西,马克思主义的活的灵魂,就在于具体地分析具体的情况。"[②]当代中国共产党推进的全面深化改革是前无古人的事业,需要各级党政负责人具体根据改革中出现的情况实事求是地推进各项事业的改革和

---

① 习近平:《推动全党学习和掌握历史唯物主义 更好认识规律更加能动地推进工作》,《人民日报》,2013 年 12 月 05 日。

② 《毛泽东选集》(第一卷),人民出版社,1991 年,第 312 页。

发展。习近平强调,改革要"扭住关键",突出"问题导向",这些本质上就是抓住特殊矛盾。

在当代,中国社会矛盾复杂,矛盾千丝万缕,需要执政党寻找矛盾的普遍性和矛盾的特殊性,需要把马克思主义的普遍真理与当代中国的具体实际结合起来建设好中国特色社会主义。中国特色体现在经济、政治、文化、社会和生态等方面,实际上体现为"五位一体"的综合体。如何建设富强的现代化国家,需要党和人民全心全意的奋斗。社会主义市场经济是前人没有干过的事业,协商民主是具有中国特色的民主政治,马克思主义的意识形态是中国特色社会主义主流观念,共同富裕是中国特色社会主义的目标,而生态文明是中国特色社会主义新的文明形态要求。这些都是前无古人的事业,是中国共产党人的伟大创举和伟大事业,是党的伟大斗争的结果,也是党的伟大梦想的结晶。习近平认为:"坚持和发展中国特色社会主义,必须不断适应社会生产力发展调整生产关系,不断适应经济基础发展完善上层建筑。改革开放只有进行时、没有完成时,这是历史唯物主义态度。"[①]

3.运用主要矛盾与次要矛盾的辩证关系推进全面深化改革

事物的矛盾非常复杂,有些矛盾是主要矛盾,有些是次要矛盾。主要矛盾在事物发展中起支配作用,决定了事物发展的前途和命运;次要矛盾影响事物的发展,不起决定作用。事物的性质是由主要矛盾的主要方面决定的。所以,在现实工作生活中,我们需要坚持"重点论"和"两点论",抓"主流",不抛弃"支流"。当前,我国的主要矛盾是人民日益增长的美好生活需要和不平衡、不充分的发展之间的矛盾,这个矛盾决定了当前中国改革的重点和方向,中国全面深化改革的重点是如何缩小这种发展不平衡和不充分的问题,而全面深化改革的方向是实现人们对美好生活的需要。"美好生活"是一个动态的概念,从改革开放初期把温饱当成一个重要目标,到20世纪90年代的

---

① 习近平:《推动全党学习和掌握历史唯物主义 更好认识规律更加能动推进工作》,《人民日报》,2013年12月05日。

基本小康社会,到社会主义新时代提出的牵涉到政治、经济、文化、社会和生态五个方面的统一的美好生活,这也体现了执政党的"初心和使命"的阶段性变迁。

对当前中国主要矛盾的定性反映了中国共产党推进改革的动力是来自人民对美好生活的期待,展现了中国共产党与西方党派的根本差异。

当前中国全面深化改革的战略重点主要集中在:围绕产业结构调整进行创新发展,因为在当代,科学技术是第一生产力,科学技术是社会发展的第一推动力;围绕城乡协调发展的重点布局,这是由新时代中国社会主要矛盾决定的,影响人民对美好生活的需要的根本问题是解决发展不平衡和不充分的问题;围绕生态安全进行的生态文明和美丽中国建设,美丽中国建设是美好生活的题中之义,离开好的生态环境就谈不上美好生活的实现,甚至根本不是什么好的生活;围绕投资贸易便利化的改革发展,这将要求形成对外开放的新格局,使中国在国际竞争中展现优势;最后,围绕民生问题的社会事业也是全面深化改革的重点之一。推进教育、医疗、就业、保障、住房等事业的发展,让发展的成果更多地惠及全体人民群众。正如习近平指出的:"把改善人民生活作为正确处理改革发展稳定关系的结合点,在保持社会稳定中推进改革发展,通过改革发展促进社会稳定。"①

### (三)全面深化改革的思维方法实践前提——马克思主义实践观

马克思主义实践观是中国共产党推进全面深化改革的哲学思维方法,也是长期改革实践的经验总结。马克思主义哲学的本质就是实践观,马克思主义区别以往哲学的标志之一就是"实践",马克思自己往往称呼自己的哲学为"实践唯物主义"或者"新唯物主义"。何为实践?实践是人类能动地改造客观世界的物质性的活动,是客观现实的直接现实的物质性活动。之所以说

---

① 《习近平关于全面深化改革论述摘编》,中央文献出版社,2014年,第36页。

实践是物质性活动,是因为实践内涵的三个构成要素就是物质性的,实践的主体是活生生的有思想的个体;实践的客体是实践的对象,也是客观实在性;实践的中介是联系主观与客观的桥梁,是一个中介系统,其包含工具、手段和方法。所以在严格意义上,实践是主体通过实践中介作用于实践客体的活动,是主观见之于客观的活动,是对象化活动。"实践的观点是辩证唯物论的认识论之第一的和基本的观点。"①全面深化改革的实践思维方法来自中国改革实践,来源于习近平在地方主政的经历以及对他国发展的经验教训的总结。

1.全面深化改革的实践思维方法来自中国改革实践

围绕"什么是社会主义,怎样建设社会主义"的社会主义主题,以邓小平同志为主要代表的中国共产党人开创了中国特色社会主义改革开放的伟大实践,随着改革开放的序幕拉开,有计划的商品经济政策出台,建设中国特色社会主义的口号家喻户晓,社会主义初级阶段以及党在社会主义初级阶段的基本纲领出台,邓小平关于社会主义本质的论断、社会主义市场经济体制的启动、三个有利于的工作标准的问世,"三个代表"重要思想以及科学发展观相继出台,这些都是中国共产党在社会主义现代化实践中的实践结果,也是社会主义新时代以习近平同志为核心的党中央进一步推进全面深化改革的实践基础和前提。

党的十八大以后,中国特色社会主义进入新时代,中国共产党继续推进改革,面临攻坚克难的问题,改革进入深水区,改革面临国内国际复杂难题,需要全面深化改革。党的十八届三中全会通过了《中共中央关于全面深化改革的若干重大问题的决定》,紧紧抓住时代脉搏,在新的起点全面深化改革。在党的十九大上,习近平详细阐述了"五位一体"的总体布局和"四个全面"的战略布局,中国的改革实行了全方位有重点地推进。这一切进一步回答了

---

① 《毛泽东选集》(第一卷),人民出版社,1991年,第284页。

"新时代坚持和发展什么样的中国特色社会主义,怎样坚持和发展中国特色社会主义"的问题。中国全面深化改革已经取得了重大成就,在2021年庆祝建党100周年大会上,习近平豪迈地宣告全面建成了小康社会,在一个世界人口最多的国家消灭了绝对贫困。

2.全面深化改革的实践思维方法来源于习近平的地方主政经历

经历在一定意义上就是实践,经历体现了人对生活、工作的体验,体现了对时代的感悟和把脉,特别是对于历史人物,经历的作用尤甚。习近平的主政经历丰富,从基层村委书记到党的总书记,期间经历过县委书记、地委书记、市委书记等。各个地方的主政经历为习近平积累了经验,锻炼了意志,领悟了马克思主义思维方法,为后面中央主政奠基了丰富的实践经历和人生阅历,为全面深化改革的推进奠定了基础。恩格斯说:"历史从哪里开始,思想进程也应当从哪里开始,而思想进程的进一步发展不过是历史过程在抽象的、理论上前后一贯的形式上的反映。"①习近平在地方主政时期提出了很多切实可行的有关改革的新方案,例如,在河北正定县主政时提出了"人才九条",牵涉到人事、户籍、分配等一系列相关政策,推动了当地的人才发展。在福建宁德地区,习近平提出反腐就是改革,改革就需要反腐。在浙江提出了关于发展的"八八战略",详细挖掘出浙江省的八个优势,并提出了八大发展浙江的措施。"八八战略"体现了马克思主义辩证思维方法,是一个有机的体系,具有统筹全局的战略意义。

3.全面深化改革的实践思维方法来源于对国际上经验教训的借鉴

中国推进全面深化改革的实践思维离不开对其他国家的经验教训的借鉴。全球化时代,任何国家不能脱离其他国家谈发展,搞封闭发展是行不通的,过去我们有深刻的教训。全球化时代需要我们积极参与并融入进去,1978年改革开放以来,中国积极融入世界,积极参与经济全球化,经济全球

---

① 《马克思恩格斯选集》(第一卷),人民出版社,1995年,第345页。

化给我们带来的利益是显而易见的，总之利大于弊。我们主动参与国际交流，吸收发达国家的管理经验，学习它们先进的科学技术，推动我们的产业升级和发展，推动中国的经济社会进步。习近平指出："以开放促改革、促发展，是我国改革发展的成功实践。"①所谓"开放促改革、促发展"讲的就是要打开国门，要积极参与经济全球化，要积极参与国际经济的分工，互通有无，发挥中国优势，抓住机会，发展自己。同时，保持警惕性，防患于未然，我们也要不断吸取部分国家发展中带来的教训，例如，东欧剧变后国际共运出现了低潮，拉丁美洲国家出现的中等收入陷阱，这些教训都值得改革开放的中国去反思和借鉴。

总而言之，马克思主义实践观认为，实践是认识的基础，是理论的渊源，是一切观念的最终来源。中国共产党推行改革开放以来的理论和路线之所以正确，根本原因是来源于中国特色社会主义改革的实践，又在实践中不断推进改革并证实了理论的正确性。习近平说："我们党现阶段提出和实施的理论和路线方针政策，之所以正确，就是因为它们都是以我国现时代的社会存在为基础的。"②实践决定认识，反之，认识反作用于实践，正确的认识对实践有积极的指导作用，错误的认识对实践有消极的作用。中国改革路径的正确性来源于伟大改革的实践推进，改革实践推进了改革的理论的创新，改革理论的创新推动了改革实践的前进，这就是"不断认识规律，不断推进理论创新、实践创新、制度创新、文化创新以及其他各方面的创新"③。

（四）全面深化改革的思维方法唯物史观主线——人民至上

"人民至上"是马克思主义最鲜明的品质，是中国共产党执政兴国的道

---

① 习近平:《坚持以扩大开放促进深化改革 坚定不移提高开放型经济水平》,《人民日报》,2015 年 11 月 27 日。

② 《习近平关于全面深化改革论述摘编》,中央文献出版社,2014 年,第 1 页。

③ 习近平:《决胜全面建成小康社会 夺取新时代中国特色社会主义伟大胜利——在中国共产党第十九次全国代表大会上的报告》,人民出版社,2017 年,第 26 页。

德制高点和执政合法性的价值前提，是中国共产党长期执政的马克思主义方法论，也是贯穿全面深化改革的方法论主线。马克思主义向来重视人民的历史作用，中国共产党重视群众工作方法，从革命到建设再到改革，中国共产党都把人民群众的利益当作各项工作的标准。"人民至上"也体现了中国共产党的价值取向——为人民谋幸福，为民族谋复兴。

1.人民群众是历史的创造者

唯心史观从来看不起人民群众的历史作用，神和英雄是它们理念中的动力。出于阶级局限性和观念的限制，人民群众在它们的视野之外。唯物史观认为，不是个别英雄而是人民群众这个集体才是历史的创造者。

马克思主义认为，人是具体的，不是抽象的，是社会关系中的人，人总是处于一定社会关系中，例如经济关系、政治关系、意识形态关系等。离开社会的人是抽象的、离群索居的，是空洞的人。马克思说："人的本质不是单个人所固有的抽象物，在其现实性上，它是一切社会关系的总和。"[①]这就要求人们从一定社会关系中考察人，从一定的阶级阶层关系中考察人的本质。历史总是人创造的，历史总是由一个个活生生的过程构成的，历史离不开个体的活动。人总是自己创造自己的历史，每一个普通个体很难在历史中体现出明显的力量，历史是无数具体个体的合力推进的。恩格斯认为："许多按不同方向活动的愿望及其对外部世界的各种各样作用的合力，就是历史。"[②]但是历史是群体创造的，是一个个具体人构成的群体即人民群众创造的。

当然，马克思主义认为历史是人民群众创造的，不是说历史可以任意随心所欲地创造。马克思主义认为历史是有规律的，人们创造历史需要根据历史的规律去发挥自己的能动性，人们不能随心所欲地创造历史，不能超越历史条件创造历史，人们总是在具体的当下条件下创造历史。历史是在社会基本矛盾的相互作用下推进的，生产力与生产关系，经济基础与上层建筑之间

---

① 《马克思恩格斯文集》(第一卷)，人民出版社，2009年，第505页。

② 《马克思恩格斯文集》(第四卷)，人民出版社，2009年，第302页。

的矛盾运动是历史发展的根本动力,人民群众要把握历史的规律,根据历史的趋势去创造自己的历史。毛泽东说得好:"人民,只有人民才是创造世界历史的动力。"①

2.坚持群众路线的工作方法

既然历史是人民群众创造的,这就要求无产阶级政党制定群众路线的工作方法和工作原则去为人民群众服务,为群众创造历史服务;既然人民群众是历史的创造者,这就要求中国共产党坚持群众观点并贯彻群众路线,为人民创造历史提供条件。

无产阶级政党不是救世主,人民群众是自己解放自己。因此我们反对无产阶级政党包办一切,让群众等待得到解放。无产阶级政党要发挥人民群众的主动性和创造性,积极引导和宣传教育,为人民群众创造历史提供条件保障。因此,无产阶级政党需要反对个人崇拜,因为个人崇拜背离了历史唯物主义关于人民群众是历史的创造者原理。

中国共产党群众路线的核心是"一切为了群众,一切依靠群众,从群众中来,到群众中去"。离开了群众的主动性和积极性,无产阶级政党的一切成绩就无从谈起。群众路线是中国共产党的根本工作路线和工作方法。在中国共产党的历史中,什么时候坚持了群众路线,我们的事业就取得重要成就,什么时候背离了群众路线,我们的事业就遇到挫折。

群众路线与马克思主义认识论是一致的。马克思主义认识论坚持"实践——认识——实践"的认识发展路径,要得到真理必须经过实践、认识、实践的多次反复,每一次反复都使人们的认识得到了更进一步的提升。"从群众中来"意味着"实践——认识","到群众中去"意味着"认识——实践"。经过多次"从群众中来,到群众中去"就意味着在"实践——认识——实践"的多次循环中前进。毛泽东形象地说:"……如此无限循环,一次比一次地更正

---

① 《毛泽东选集》(第三卷),人民出版社,1991年,第1031页。

确、更生动、更丰富。"①

3.人民至上是中国共产党的最高价值诉求

每个主体都应该有自己的价值诉求,群体和党派也一样。中国共产党作为人民的党,没有自己的特殊利益,只有国家和人民的利益,从建党伊始就宣告了自己的价值目标是为共产主义最高目标奋斗。没有自己的利益,只有人民的利益和诉求,其逻辑结论必然是"人民至上"的价值观念。"人民至上"是中国共产党执政合法性的价值之本。

"中国共产党为什么能"其根本原因在于坚持了"人民至上"的价值诉求。在革命时期,中国共产党坚持了"人民至上"的价值诉求,保证了与人民的血肉联系,所以革命在经历腥风血雨,历经磨难之后最终能够取得胜利。在改革开放时期,中国共产党继续保持了与人民的"鱼水情"关系,所以确保了改革开放得到人民的支持, 中国 40 多年改革开放取得举世瞩目的成就,为中华民族的伟大复兴奠定了雄厚的基础。"打江山、守江山,守的是人民的心""中国共产党根基在人民、血脉在人民、力量在人民。"②历史证明,中国共产党的领导是中国特色社会主义最本质的特征。没有中国共产党的"人民至上"价值诉求就没有新中国,没有中国共产党的"人民至上"价值原则就不可能有中华民族的伟大复兴。

"中国特色社会主义为什么好"其核心原因是坚持了"人民至上"的价值原则。中国特色社会主义是中国共产党在改革开放 40 多年逐渐形成的建设社会主义的各项制度,包括道路、理论、制度、文化"四位一体"的构建和组成部分, 是新中国成立 70 多年的历史进程中探索出来的, 是中国共产党 100年来的历史结论。习近平说:"中国特色社会主义道路是实现社会主义现代化、创造人民美好生活的必由之路,中国特色社会主义理论体系是指导党和人民实现中华民族伟大复兴的正确理论, 中国特色社会主义制度是当代中

---

① 《毛泽东选集》(第三卷),人民出版社,1991 年,第 899 页。

② 习近平:《在庆祝中国共产党成立 100 周年大会上的讲话》,《求是》,2021 年第 14 期。

国发展进步的根本制度保障, 中国特色社会主义文化是激励全党全国各族人民奋勇前进的强大精神力量。"①

"马克思主义为什么行"其主要力量在于坚持了"人民至上"的价值理念。马克思主义是关于自然、社会、思维的一般规律的学说,是无产阶级解放的学说体系,是人类解放的学说,是中国人民追求美好生活的行动指南。革命年代中国共产党坚持了马克思主义,中国革命取得成功,使中国人民站起来了;改革开放和全面深化改革年代中国共产党继续坚持了马克思主义,使中国人民富起来并逐步走向强起来。历史和现实证明,马克思主义是科学的理论体系,马克思主义也是发展的学说体系,它需要与时俱进,不断随着时代变迁而前进。中国共产党根据时代的变化创造性地把马克思主义与中国现实相结合,推进了马克思主义中国化、时代化和大众化。习近平新时代中国特色社会主义思想是当代中国的马克思主义, 是 21 世纪的马克思主义,是党和人民集体智慧的结晶,是中华民族伟大复兴的行动指南。

一方面,中国共产党为什么能,中国特色社会主义为什么好,归根到底是马克思主义为什么行。另一方面,马克思主义是中国共产党的指导思想,中国特色社会主义是中国共产党带领中国人民长期探索取得的伟大成果,而中国共产党是掌握马克思主义探索和建设中国特色社会主义并取得伟大成就的执政党。没有中国共产党的"能",就不会有中国化的马克思主义,也不会有中国特色社会主义。

(五)全面深化改革的思维方法具体运用——思维能力和工作方法

全面深化改革的思维方法是站在马克思主义哲学方法论高度去探讨中国共产党推进改革的思维方法的, 这种思维方法是贯穿在中国共产党推进全面深化改革的具体实践中的。全面深化改革的马克思主义思维方法在具

---

① 习近平:《决胜全面建成小康社会 夺取新时代中国特色社会主义伟大胜利——在中国共产党第十九次全国代表大会上的报告》,人民出版社,2017 年,第 18 页。

体思维能力和工作方法方面的体现也需要进一步展开探讨和研究。

1.全面深化改革思维方法的四个具体思维能力

第一,底线思维能力。所谓"底线思维"是指马克思主义"质量互变规律"的具体运用,"底线"就是不能随意逾越的界限,它是事件的临界点,超过这个点就容易发生质变,最后可能导致不良的后果甚至导致灾难性后果。全面深化改革是中国当代一项伟大事业,牵涉到全体中国人民的利益,如果不考虑问题的界限和底线,不考虑国家、社会和人民的安全,会导致无可挽回的后果。习近平指出:"受警醒、明底线、知敬畏,主动在思想上画出红线、在行为上明确界限,真正敬法畏纪、遵规守纪。"①在生活中,作为党员,要注意不能安于现状、囿于眼前、盲目乐观,也不能自以为是、掩盖问题和矛盾。底线思维告诉我们一定要注意把握事物的"度",不能随便超越"度",否则会带来不可挽回的后果。

经过40多年的改革开放,中国取得了举世瞩目的成就,展现了中国模式和中国气派,西方认可了中国改革所取得的成就,但也有不少人以西方价值观和制度作为他国的"圭臬",希望中国走上所谓完全"自由化"和"私有化"发展道路,而国内部分学者也有迎合这种思潮的趋向,这就是一个重大的"底线"问题。习近平在党的十八届三中全会之前就警示过"不能在根本性问题上犯下颠覆性错误,一旦出现就无法挽回,无法弥补"。习近平也把社会主义道路、制度和理论当作应该坚守的"根本性问题"和"底线问题",不能动摇,必须坚持。顾海良认为:"根本性问题是中国共产党带领全国各族人民对改革开放实践的科学总结,是坚持和发展中国特色社会主义须臾不可偏离的基本原理。"②

第二,历史思维能力。历史思维能力即把马克思主义辩证法与历史视野

---

① 《习近平关于党风廉政建设和反腐败斗争论述摘编》,中央文献出版社,2015年,第148页。
② 顾海良:《习近平改革思想蕴含的底线思维　在根本性问题上不犯颠覆性错误》,《人民论坛》,2013年第36期。

结合起来，是对唯物辩证法的具体运用。过去是今天的历史，今天是未来的历史，历史总是过去、现在和未来的衔接和贯穿。不是所有事件和人物都能成为书写的历史，书写的历史总是重大事件和重要人物的运行轨迹以及对这些人物和事件的评价。历史是最好的"教科书"，历史是"清醒剂"，历史是"营养剂"。习近平认为："历史的经验值得注意，历史的教训更应引以为戒。"①今天，我们特别需要加强中国共产党党史、中华人民共和国国史、改革开放史和社会主义发展史的学习教育，真正掌握共产党的奋斗史、中国社会主义曲折前进的历史、改革开放的伟大历史和中华人民共和国的奠基史。

第三，战略思维能力。战略思维能力是指思维的全局性、长期性和整体性，是一种高瞻远瞩、创造性思维活动。对于一个国家的元首要求特别高的就是战略思维能力，因为它关系到民族和国家的兴衰。中国共产党善于把握历史规律，树立大局意识，从大局着眼，具备雷厉风行和闲庭信步的定力，具有广阔博大的胸襟，能透过现象把握本质，能够洞察历史趋势和复杂的国际国内局势。战略思维是一种求变思维，它不是静止思维，静止思维会错过计划，错判形势，带来严重后果。战略思维是一种创新型思维，因为需要因势利导，需要因时而变，因此这种思维要求从变化的现实出发，"一切以时间地点和条件为转移"，这也是马克思主义强调的关于联系的条件性。

第四，创新思维能力。创新思维是打破迷信，超越陈规，善于因势利导的思维方式和能力。辩证唯物论告诉我们，世界是物质的，物质是运动的，运动是有规律的。运动的世界要求动态的思维。辩证法告诉我们，发展是过程，世界的变化是一个个过程的集合。人类历史的发展、国家和民族的变迁也是过程，这就要求执政党具备创新思维能力。毛泽东开创了中国特色革命道路，邓小平开创了中国特色社会主义道路，习近平开创并推进了马克思主义与中国当代实际相联系，形成了习近平新时代中国特色社会主义思想，为中华

---

① 《习近平谈治国理政》(第一卷)，外文出版社，2018年，第390页。

民族伟大复兴的中国梦开创了新的起点。

这四大思维能力融贯在马克思主义辩证思维中，是马克思主义辩证思维的具体运用。马克思主义辩证思维方法可以简单概括为归纳与演绎、分析与综合、抽象与具体、逻辑与历史的统一，这四个方面可以简练概括为矛盾思维方法，因为矛盾即对立统一，对立统一是唯物辩证法的实质和核心。矛盾分析法是要求全面深化改革需要把底线思维、历史思维、战略思维和创新思维等融贯进辩证矛盾思维中去，从而形成一个深化改革的马克思主义思维方法有机体系。

2.全面深化改革思维方法的六个重要工作方法

全面深化改革的马克思主义思维方法除了体现在宏观层面上的辩证唯物主义和历史唯物主义方法论，如关于推进深化改革的唯物论基础、实践论前提、矛盾分析法和历史唯物论等思维方法；也体现在中观思维方法方面，如"以经济建设为中心""以人为本""以人民为中心"和"人民至上"等执政理念和思维方法方面；微观层面主要表现在处理解放思想与实事求是、顶层设计与摸着石头过河、整体推进与重点突破、胆子要大与步子要稳、改革发展与稳定、自主与创新相结合等一系列重大关系的辩证思维方法和工作方法上。

第一，正确处理解放思想与实事求是相结合的工作方法。实事求是是指从现实中寻找事物的规律，以解决工作的问题。解放思想是指在实事求是的基础上破除迷信，推进工作，以防范形而上学的工作思路。邓小平说："解放思想，就是使思想和实际相符合，使主观和客观相符合，就是实事求是。今后，在一切工作中要真正坚持实事求是，就必须继续解放思想。"①实事求是是解放思想的前提，解放思想是为了更好地实事求是。在中国共产党的历史中，很好地处理了解放思想与实事求是的关系。在革命时代，毛泽东坚持了实事求是的方法，根据中国社会以农民为绝大多数的国情，通过解放思想，

_____

① 《邓小平文选》（第二卷），人民出版社，1994年，第364页。

打破第二国际的教条主义思想,创造性提出了以农村包围城市最后取得革命胜利的民主革命理论。在改革时代,邓小平坚持实事求是与解放思想相结合的工作方法,开启了中国改革开放的历史。

第二,正确处理顶层设计与摸着石头过河的工作方法。邓小平和陈云等老一代改革先锋常常用"摸着石头过河"来形容改革的实验性。中国改革开放没有社会主义先例,只有靠自己摸索和闯出一条自己的路。从实验到总结再到推广,需要一步步扎扎实实探索和试点。从经济特区的试点,到沿海经济开放城市,再到内地,从沿海到沿江再到边境,中国改革开放就这样一步步闯了出来。但是摸着石头过河不是毫无章法,它也是一种探索和总结规律的过程。党的十八大以后,中国特色社会主义进入新时代,中国的改革开放进入了一个新的时代,改革进入深水区,对过去的改革成就需要研究和总结,需要制度化战略化。中国改革需要进一步部署、安排和决策。要在过去的基础上把改革推进到一个新阶段。"它的总目标,就是在邓小平战略思想基础上提出的'完善和发展中国特色社会主义制度、推进国家治理体系和治理能力现代化'。"①也就是说,在中国特色社会主义新时代,中国改革目标是完善各种制度,构建一种有利于社会和谐、人民幸福、国家长治久安的制度体系。

第三,正确处理整体推进与重点突破的工作方法。唯物辩证法认为,世界是联系的,世界是运动发展的,联系产生矛盾,矛盾是普遍的,矛盾也是不平衡的。这就要求我们用联系和矛盾的观点看世界,看待事物的发展。全面深化改革是一个系统的工程,牵涉面广,影响大,执政党要处理好改革的整体推进与重点突破的关系辩证法。一方面,中国改革历来是整体有步骤地推进的。但不是毫无章法,而是系统地分阶段地推进。另一方面,中国改革又是有重点的推进。"十三五"规划期间,习近平提出改革要有重点、有关键,要扭

---

① 《习近平关于全面深化改革论述摘编》,中央文献出版社,2014年,第20页。

住牛鼻子。"面对改革的复杂形势和繁重任务,既抓重要领域、重要任务、重要试点,又抓关键主体、关键环节、关键节点。"①"十四五"改革的重点是打好关键核心技术攻坚战,处理全面深化改革开放过程中关于"国内大循环"与"国内国际双循环"的问题。

第四,正确处理好胆子要大与步子要稳的工作方法。"胆子要大,步子要稳"是邓小平提出的有关进一步推进改革开放的策略和思维方法。改革开放初期,各方面需要探索,需要摸索,需要"走一步,看一步",所以邓小平提出"胆子要大,步子要稳"。在进一步推进全面深化改革开放时期,中国面临的问题越来越复杂,很多问题千头万绪,需要我们进一步运用辩证思维方法推进全面深化改革。中国改革面临新问题、新挑战,中国发展存在不平衡不充分的问题,所以需要进一步推进改革和发展,不能畏首畏尾,左顾右盼,要瞄准目标,下定决心,一鼓作气,毫不犹豫。但是中国改革又面临重大安全问题,搞得不好会出现灾难性后果。所以,习近平提出全面深化改革不仅继续需要"胆子要大",还继续需要"步子要稳"。全面深化改革需要坚持"底线思维",把握底线,注意安全,保持改革在平稳状态下继续前进。重大问题需要问计于民、问政于民、问需于民,听取群众意见。对于重大改革问题,可以先试点,再推行。

第五,正确处理改革、发展与稳定的关系工作方法。改革开放以来,中国共产党高度重视改革、发展与稳定三者的辩证关系,从而使中国的改革开放不断稳步前进,取得一个个伟大成果。中国改革实践得出结论,改革是中国特色社会主义发展动力,发展是改革的目的,稳定是改革与发展的前提。三者是辩证统一体,离开任何一方面都是不平衡的,都会带来严重后果。早在改革开放初期的 1979 年,邓小平就及时提出了改革开放需要坚持"四项基本原则",1989 年改革开放过程中出现了一些不稳定因素,邓小平提出了"稳

---

① 习近平:《在十八届中央全面深化改革领导小组第 29 次会议上讲话》,《人民日报》,2016 年 11 月 2 日。

定压倒一切"的工作思路。"中国的问题,压倒一切的是需要稳定。没有稳定的环境,什么都搞不成,已经取得的成果也会失掉。"①

第六,正确处理自主创新与开放相结合的工作方法。独立自主是中国共产党工作的一项原则,也是中国革命、建设和改革取得重大成就的一个重要法宝。在全面深化改革的过程中,我们更加需要把自力更生和对外开放结合起来,把中国实际利益与各国利益结合起来,利用国内和国际两个市场和两大优势大力发展自己,同时也给世界发展带来机会,这就需要把自主与开放结合起来。在经济发展与科研领域,我们需要加快自主创新步伐,推动科技兴国,贯彻中央关于"创新驱动发展战略",同时积极推进开放,加强与各国合作,实现互利共赢。

在教育、文化领域,我们也需要自主与开放,不关起门来搞所谓发展,也不要一味迁就所谓西方理念和方法,把教育搞成"全盘西化",以免出现杨小凯先生提出的"教育殖民化现象"。前些年出现的怪现象让人担忧,例如以发表在国外主流学术期刊作为科研和学术水平及晋升职称的标准,这就丧失了中国学术和科研的自主性,从而容易导致"文化自信"的丧失,走向文化自卑。改革开放取得伟大成就是需要学界去总结和概括的,如果没有中国文化的支撑,就不可能有40多年改革开放的伟大成就。"明意识或潜意识地以为美国的政治制度和政治管理是最好的,因而在干部教育中强调接受美国哈佛大学等比较政治学和行政管理学的教育,而没有真正搞清中国特色社会主义的民主政治和行政管理总体上比美国要高效和优越,是真正体现人民民主性而非垄断寡头性,从而失去'三自信'、自主意识和自主性,这对于政治体制改革和干部教育均无益。"②

---

① 《邓小平文选》(第三卷),人民出版社,1993年,第284页。
② 程恩富:《改革的五大思维和工作方法》,《人民论坛》,2014年第12期。

## 三、中国共产党推进全面深化改革的马克思主义思维方法的价值

（一）夯实了唯物论基础

辩证唯物论是马克思主义哲学的基石，是中国共产党思想路线的渊源。习近平说："辩证唯物主义是中国共产党人的世界观和方法论。"①恩格斯概括了一个唯物主义根本命题："世界的统一性在于它的物质性"，列宁给物质下了一个科学的定义，认为物质是标志"客观实在的哲学范畴"，是"不以人的意志为转移"，并不"为人的意识所复写、摄影和反映"的存在。辩证唯物主义基本原理告诉我们，在工作学习中必须坚持从实际出发，实事求是。

新时代中国现实问题错综复杂，改革内容千头万绪。中国全面深化改革坚持了辩证唯物主义，把马克思主义唯物论运用于当代中国实际，夯实了马克思主义唯物论基础。当代中国最大的实际就是将"长期处于社会主义初级阶段"。围绕这个最大实际，我们各项工作不能跳跃这个实际，我们必须脚踏实地，勤勤恳恳，努力奋斗，推进改革，实现现代化建设各阶段目标。全面深化改革反对随意"拍脑袋做决策"，反对各种不切实际的主观主义行为，反对不顾后果的"铺摊子"，搞"烂尾工程"，导致资源浪费，结果"劳民伤财"，影响党群关系，危害"群众路线"的原则。

当然，强调世界的物质性，并不是说世界不变。中国共产党人坚持辩证唯物主义，坚持世界的变化性和过程性。世界是一个不断运动、变化、发展的过程，一切皆变。所以在推进改革开放的过程中，中国共产党人根据中国变化了的现实不断做出新的决策并推进新的政策。因为社会主义初级阶段也是一个变化的过程，在总的量变中还是有局部的质变，例如改革开放40年

① 习近平：《辩证唯物主义是中国共产党人的世界观和方法论》，《求是》，2019年第1期。

后,中国的生产力、生产关系、经济基础和上层建筑,中国人民的生活水平、思想观念都发生了巨大的改变,忽略这些本身就不是马克思主义,不是辩证唯物主义。

中国共产党坚持从实际出发,坚持改革的"问题导向""与时俱进",坚持从"世界百年未有之变局"出发,推进深化改革开放,从现实中夯实了马克思主义唯物论。

(二)延展了辩证法空间

唯物辩证法认为世界是联系的,世界是运动、发展的。唯物辩证法的实质和核心是对立统一规律,对立统一规律即"矛盾",矛盾是客观的、是普遍存在的,矛盾又是不平衡的。这就需要我们在工作学习中善于运用矛盾分析法。矛盾分析法是"分析事物的根本方法"。要求善于把握矛盾,把握主要矛盾,善于全面分析问题,善于"具体问题具体分析"。

中国共产党的改革从来就是从问题出发,从发现的矛盾出发,从不回避矛盾,而是主动面对矛盾、分析矛盾并解决矛盾。

党的十八大以后,中国共产党的改革不以国内生产总值论英雄,积极推进结构调整,积极追求经济效益,积极追求发展以科技作为动能的转换,为此,打开了一个新的局面。党的十九大,中国共产党把我国的主要矛盾定性为"人民日益增长的美好生活需要和不平衡不充分的发展之间的矛盾"。从党的八大关于"先进的工业国与落后的农业国之间的矛盾"到党的十一届六中全会的"人民日益增长的物质文化需要与落后的社会生产之间的矛盾"再到党的十九大对我国主要矛盾的阐述,表明了中国共产党能够根据新的社会变化做出新的判断,也说明了中国共产党善于直面矛盾,抓住矛盾并解决矛盾。全面深化改革千头万绪,牵涉到全方位的关系,它把各种关系带进了马克思主义辩证法视域。实现人民幸福和民族伟大复兴需要辩证处理人与自然、人与社会以及人与人的各种关系。

中国特色社会主义伟大事业的"五位一体"的总体布局和"四个全面"的战略布局的全方位的推进，本身就证明了中国共产党推进全面深化改革过程中始终坚持了唯物辩证法的思维方法。这是马克思主义辩证法的科学运用，也是对马克思主义辩证法的扩展。

### (三)扩展了实践的范围

马克思主义是辩证唯物主义也是实践的唯物主义。马克思主义非常重视实践，认为实践产生认识，实践是认识的来源、动力、目的和检验真理的唯一标准。"社会生活本质上是实践的""人的思维是否具有客观的真理性，这不是一个理论问题，而是一个实践的问题""哲学家只是解释世界，而问题在于改变世界"。[1]毛泽东强调实践的重要性，革命和建设时期，毛泽东重视调查研究，提出实事求是，反对主观主义和教条主义；邓小平强调"解放思想、实事求是"，重视改革开放需要"摸着石头过河"，要敢"闯"，"要把马克思主义与中国实际相结合建设中国特色社会主义"；习近平指出"实干兴邦，空谈误国"，始终坚持了马克思主义实践观，不断推进全面深化改革。实践不创新，理论就不会有创新，"要不断推进实践基础上的理论创新"[2]。

在实践的基础上产生了对世界的认识，一个正确的认识需要实践——认识——实践的反复的推进才可能产生。真理即主观符合客观，是对世界的正确的认识。真理的追求依赖于价值的动力，价值的追求奠基于真理的基础。中国共产党之所以不断推进全面深化改革，不断探索中国特色社会主义发展规律，其根本动力来源于对中华民族伟大复兴的价值诉求。

新问题、新情况，都需要执政党不断改革和创新。全面深化改革的马克思主义方法论为协调推进"五位一体"的总体布局和"四个全面"的战略布局提供了方法论指引，也丰富和扩展了马克思主义的实践范围。

---

① 《马克思恩格斯选集》(第一卷)，人民出版社，2012年，第134~140页。
② 《习近平谈治国理政》(第三卷)，外文出版社，2020年，第183页。

（四）深化了价值论内涵

历史唯物主义认为社会存在决定社会意识，社会基本矛盾是社会历史发展的根本动力，人民群众是历史的创造者。人民群众不仅创造了物质财富，创造了精神财富，而且是变革历史的动力。中国共产党在革命、建设中坚持"为人民服务"的宗旨，在改革开放和全面深化改革的新时代继续坚持"为人民服务"的宗旨，并进一步提出和坚持"以人民为中心""人民至上"的价值诉求。

遵从历史唯物论规律，遵循"心系群众"的价值核心，中国共产党把"以人民为中心"作为全面深化改革的出发点和落脚点。习近平坚持"人民有所呼，改革有所应"，尊重人民的首创精神，改革要让人们有获得感，推动社会共同富裕。

"中国共产党一经诞生，就把为中国人民谋幸福、为中华民族谋复兴确立为自己的初心使命。一百年来，中国共产党团结带领中国人民进行的一切奋斗、一切牺牲、一切创造，归结起来就是一个主题：实现中华民族伟大复兴。"[①]贯穿在这些重要论述中的中心线索就是中国人民的利益和中华民族的利益。实际上，中华民族不是一个空洞和抽象的概念，它是一个活生生的具体概念，是五十六个民族的最大公约数，是五十六个民族的公共心理素质、文化习俗和地域文化的凝结表征，是中华儿女团结奋斗的合体，是最大多数人的鲜活凝结体。所以，归纳起来，中国共产党提出和践行的群众路线和群众观点本质上就是为了人民、为了中华民族。中国共产党没有自己特殊的利益，它的一切行动目的归结为人民的利益和以人民为主体构成的中华民族利益。

全面深化改革的"人民至上"价值观和思维方法，深得人民的认可，推动

---

① 习近平：《在庆祝中国共产党成立 100 周年大会上的讲话》，《求是》，2021 年第 14 期。

了国家、民族的发展,巩固了中国共产党的长期执政,深化了马克思主义的价值论内涵。

## 四、结　论

全面深化改革的马克思主义思维方法是马克思主义方法论的具体化结果。如果说辩证唯物主义和历史唯物主义是全面深化改革思维方法的宏观层面,改革以"问题导向""人民至上""实干兴邦""主要矛盾的变迁"等就是全面深化改革思维方法的中观层面,那么改革过程践行的各种思维能力和工作方法的运用就是微观层面的思维方法。当然,本书所谈及的思维方法不是机械割裂的,而是相互联系相互制约的关系,因为全面深化改革的实践是一个复杂综合的系统工程。在"百年变局"和"后疫情时代"中国共产党推进全面深化改革的实践将表现出更加复杂局面,因此,全面深化改革的马克思主义思维方法的运用也是一个复杂综合的系统。马克思主义认为主观辩证法要符合客观辩证法,世界在变,观念也要变,在变中寻找机会,在变中寻找方法,在变中谋求发展。一句话,辩证唯物主义和历史唯物主义是中国共产党人的世界观和方法论,全面深化改革的马克思主义思维方法是中国共产党推进改革的基本思维方法。

# 参考文献

## 一、中文文献

（一）中文著作

1.《马克思恩格斯选集》（第一—四卷），人民出版社，2012 年。

2.《马克思恩格斯文集》（第一、二、四、五、八、九、十卷），人民出版社，2009 年。

3.《马克思恩格斯全集》（第 1—3 卷），人民出版社，1956 年、1957 年、1960 年。

4.《马克思恩格斯全集》（第 31 卷），人民出版社，1957 年。

5.《马克思恩格斯全集》（第 46 卷），人民出版社，1957 年。

6.《共产党宣言》，人民出版社，2018 年。

7.《资本论》（第三卷），人民出版社，2004 年。

8.《1844 年经济学哲学手稿》，人民出版社，2000 年。

9.《列宁专题文集：论马克思主义》，人民出版社，2009 年。

10.《毛泽东选集》（第一—四卷），人民出版社，1991 年。

11.《毛泽东文集》（第五、六、八卷），人民出版社，1999 年。

12.《邓小平文选》（第一——三卷），人民出版社，1994 年、1994 年、1993 年。

13.《习近平谈治国理政》（第一卷），外文出版社，2018 年。

14.《习近平谈治国理政》（第二卷），外文出版社，2017 年。

15.《习近平谈治国理政》（第三卷），外文出版社，2020 年。

16.习近平:《决胜全面建成小康社会　夺取新时代中国特色社会主义伟大胜利——在中国共产党第十九次全国代表大会上的报告》，人民出版社，2017 年。

17.习近平:《在省部级主要领导干部学习贯彻党的十八届五中全会精神专题研讨班上的讲话》，人民出版社，2016 年。

18.《习近平关于全面深化改革论述摘编》，中央文献出版社，2014 年。

19.《习近平关于党风廉政建设和反腐败斗争论述摘编》，中央文献出版社，2015 年。

20.中共中央文献研究室编:《十八大以来重要文献选编》（上），中央文献出版社，2014 年。

21.中共中央党史研究室:《中国共产党九十年》，中共党史出版社，2016 年。

22.程树德:《论语集释》，中华书局，1990 年。

23.邓晓芒:《邓晓芒讲演录:哲学与生命》，长春出版社，2012 年。

24.邓晓芒:《批判与启蒙》，崇文书局学术出版中心，2019 年。

25.傅伟勋:《死亡的尊严与生命的尊严》，北京大学出版社，2006 年。

26.高玉林:《马克思主义与当代中国问题:资本的域界与约制》，复旦大学出版社，2016 年。

27.胡绳主编:《中共党史 70 年》，中共党史出版社，1991 年。

28.李昆明主编:《聚焦中国》，红旗出版社，2007 年。

29.《论语译注》:杨柏峻译注，中华书局，2012 年。

30.梅景辉:《生存解释学研究》，中国人民大学出版社，2014 年。

31.任剑涛:《政治哲学讲演录》，广西师范大学出版社，2008 年。

32.沈真编:《马克思恩格斯早期哲学思想研究》,中国社会科学出版社,1981年。

33.尚杰:《归隐之路:20世纪法国哲学的踪迹》,江苏人民出版社,2008年。

34.孙正聿:《马克思主义辩证法理论的当代反思》,人民出版社,2002年。

35.唐丰鹤:《在经验和规范之间:正当性的范式转换》,法律出版社,2014年。

36.王海洲:《合法性的争夺:政治记忆的多重刻写》,江苏人民出版社,2008年。

37.王浦劬主编:《政治学基础》,北京大学出版社,1995年。

38.王先谦编:《荀子集解》,中华书局,1988年。

39.许纪霖、刘擎、陈赟等:《政治正当性的古今中西对话》,漓江出版社,2013年。

40.许纪霖、刘擎主编:《西方"政治正确"的反思》,江苏人民出版社,2018年。

41.杨国荣:《伦理学与存在——道德哲学研究》,北京大学出版社,2011年。

42.杨足仪:《死亡哲学》,经济科学出版社,2013年。

43.俞吾金:《被遮蔽的马克思》,人民出版社,2012年。

44.俞可平:《社群主义》,中国社会科学出版社,1998年。

45.俞可平:《权力与权威:政治哲学若干重要问题》,商务印书馆,2020年。

46.周濂:《正义的可能》,中国文史出版社,2015年。

47.《中华经典藏书·孟子》,中华书局,2016年。

48.赵汀阳:《坏世界研究:作为第一哲学的政治哲学》,中国人民大学出版社,2009年。

49.赵汀阳:《论可能生活》,中国人民大学出版社,2010年。

50.张千帆:《宪法学导论》,法律出版社,2003年。

51.周国平:《尼采与形而上学》,新世界出版社,2008年。

52.郑永年:《保卫社会》,浙江人民出版社,2011年。

(二)外文译著

1.[古希腊]柏拉图:《克利同篇》,载《哈佛百年经典》(第22卷),张春、朱亚兰译,北京理工大学出版社,2014年。

2.[法]邦雅曼·贡斯当:《古代人的自由与现代人的自由》,阎克文、刘满贵、李强译,上海人民出版社,2015年。

3.[法]查理·路易·孟德斯鸠:《论法的精神》,张雁深译,商务印书馆,2004年。

4.[美]弗莱德·R.多迈尔:《主体性的黄昏》,万俊人译,上海人民出版社,1992年。

5.[匈牙利]格奥尔格·卢卡奇:《历史和阶级意识》,王伟光、张峰译,华夏出版社,1989年。

6.[美]格伦·廷德:《政治思考:一些永久性的问题》,世界图书出版社,2010年

7.[德]黑格尔:《法哲学原理》,范扬、张企泰译,商务印书馆,1961年。

8.[德]黑格尔:《逻辑学》,梁志学译,人民出版社,2002年。

9.[德]霍克海默、阿多尔诺:《启蒙辩证法》,洪佩郁、蔺月峰译,重庆出版社,1990年。

10.[美]贾雷德·戴蒙德:《枪炮、病菌与钢铁:人类社会的命运》,谢延光译,上海译文出版社,2016年。

11.[德]马克斯·韦伯:《经济与社会》(上),林荣远译,商务印书馆,1997年。

12.[德]马丁·海德格尔:《存在与时间》,陈嘉映、王庆节译,生活·读书·新知三联书店,1987年。

13.[英]梅格纳德·德赛:《马克思的复仇》,汪澄清译,中国人民大学出版社,2006年。

14.[法]皮埃尔·勒普:《论平等》,王充道译,商务印书馆,1991年。

15.[英]乔纳森·沃尔夫:《政治哲学导论》,王涛、赵荣华、陈任博译,吉林出版集团有限公司,2008 年。

16.[法]让-雅克·卢梭:《社会契约论》,何兆武译,商务印书馆,2003 年。

17.[法]让-保罗·萨特:《存在与虚无》,陈宜良等译,生活·读书·新知三联书店,1987 年。

18.[美]塞缪尔·亨廷顿:《第三波——20 世纪后期民主化浪潮》,刘军宁译,生活·读书·新知三联书店,1998 年。

19.[美]威廉·H.麦克尼尔:《瘟疫与人》,余新忠、毕会成译,中国环境科学出版社,2010 年。

20.[加]威廉·莱斯:《自然的控制》,岳长龄、李建华译,重庆出版社,2007 年。

21.[德]瓦尔特·本雅明:《发达资本主义时代的抒情诗人》,张旭东、魏文生译,生活·读书·新知三联书店,1989 年。

22.[法]艾玛纽埃尔·列维纳斯:《上帝·死亡和时间》,余中先译,生活·读书·新知三联书店,1997 年。

23.[美]约翰·凯克斯:《反对自由主义》,应奇译,江苏人民出版社,2008 年。

24.[美]约翰·罗尔斯:《正义论》,何怀宏、何包钢、廖申白译,中国社会科学出版社,1997 年。

25.[美]约瑟夫·E.斯蒂格利茨:《不平等的代价》,张子源译,机械工业出版社,2015 年。

26.[德]伊曼努尔·康德:《历史理性批判文集》,何兆武译,商务印书馆,1990 年。

27.[德]伊曼努尔·康德:《实践理性批判》,邓晓芒译,人民出版社,2003 年。

28.[德]伊曼努尔·康德:《纯粹理性批判》,邓晓芒译,人民出版社,2004 年。

29.[德]尤尔根·哈贝马斯:《交往与社会进化》,张傅树译,重庆出版社,1989 年。

30.[德]尤尔根·哈贝马斯:《交往行动理论》(第 2 卷),重庆出版社,1994 年。

31.[德]尤尔根·哈贝马斯:《包容他者》,曹卫东译,上海人民出版社,2002年。

32.[英]以赛亚·伯林:《马克思传》,赵干诚、鲍世奋译,台北时报出版公司,1981年。

33.[英]以赛亚·伯林:《自由论》,胡传胜译,译林出版社,2011年。

34.[英]约翰·斯图亚特·密尔:《论自由》,于庆生译,中国法制出版社,2009年。

(三)期刊文章

1.习近平:《辩证唯物主义是中国共产党人的世界观和方法论》,《求是》,2019年第1期。

2.习近平:《关于坚持和发展中国特色社会主义的几个问题》,《求是》,2019年第7期。

3.习近平:《在庆祝中国共产党成立100周年大会上的讲话》,《求是》,2021年第14期。

4.程恩富:《改革的五大思维和工作方法》,《人民论坛》,2014年第12期。

5.顾海良:《习近平改革思想蕴含的底线思维　在根本性问题上不犯颠覆性错误》,《人民论坛》,2013年第36期。

6.黄瑞英:《道德世界的幸福何以可能》,《南京师大学报(社会科学版)》,2012年第5期。

7.李继才:《合乎比例的不平等与比例相等》,《上海行政学院学报》,2009年第6期。

8.林少敏:《价值多元论及其悖论》,《哲学研究》,2008年第9期。

9.楼天宇:《从相悖到一致——德福关系的哲学思考》,《浙江社会科学》,2015年第8期。

10.马拥军:《虚拟财富及其存在论解读》,《哲学研究》,2014年第2期。

11.欧阳康:《国家治理现代化的中国智慧》,《湖北政协》,2018年第11期。

12.任平:《论资本创新逻辑批判与马克思主义出场的当代视域》,《哲学研究》,2014 年第 10 期。

13.施晓花、李淼:《自由主义理论困境及现实危机》,《北京工业大学学报(社会科学版)》,2013 年第 3 期。

14.苏伟:《论马克思主义方法论革命的历史意义》,《马克思主义研究》,2014 年第 1 期。

15.孙正聿:《全面掌握辩证唯物主义的世界观和方法论》,《党建》,2019年第 6 期。

16.孙正聿:《思想的前提批判:"做哲学"的一种路径选择》,《天津社会科学》,2021 年第 5 期。

17.田海平:《如何看待道德与幸福的一致性》,《道德与文明》,2014 年第 03 期。

18.辛向阳:《问题倒逼改革 改革解决问题》,《马克思主义研究》,2014 年第 1 期。

(四)报纸文章

1. 习近平:《推动全党学习和掌握历史唯物主义 更好认识规律更加能动地推进工作》,《人民日报》,2013 年 12 月 5 日。

2. 习近平:《坚持以扩大开放促进深化改革 坚定不移提高开放型经济水平》,《人民日报》,2015 年 11 月 27 日。

3.习近平:《在十八届中央全面深化改革领导小组第 29 次会议上讲话》,《人民日报》,2016 年 11 月 2 日。

4.[美]马克·里拉:《身份自由主义的终结》,《纽约时报》,2016 年 11 月 18 日。

# 二、外文文献

（一）著作

1.Aristotle，*The Basic Works of Aristotle*，Randon house，1941.

2.Heidegger，*Chemins Qui Ne Menent Nulle Part*，Gallimard，1962.

3.J.Habermas，*The Philosophical Discourse of Modernity*，Cambridge：Polity Press，1987.

（二）期刊文章

1.De Angelis Gabriele and Verovšek Peter J，The philosopher as engaged citizen：Habermas on the role of the public intellectual in the modern democratic public sphere，*European Journal of Social Theory*，No.4，2021.

# 后 记

晃晃悠悠在云南财经大学教学已经 19 年，自己已经是"知天命"之年的人了。如果说一名优秀的大学老师应该是教学和科研都有造诣的老师，那么我很惭愧，因为在教学上我从来没有申请到一个教研项目；在科研上，我从来没有申请到一个省级或省级以上社科基金项目。如果说优秀的大学老师应该是认真授课，引领学生思考的老师，那么我感觉我正在路上，因为我的课程是带着学生去"爱智慧"的。我重视引领学生思考，有时不经意间的灵感和智慧火花的"跳跃"，会让我和学生恍然大悟，皆有所获。

曾经有一位画家，他非常喜欢收藏。家里摆满了很多古董、书画，价值连城。画家后来年纪大了，为了能够安度晚年，他只能到养老院居住。在临行前的一天晚上，他收拾到养老院的物件。他挑来选去最后只带了三样东西——拐杖、茶杯和自己的眼镜。当画家把自己的东西收好以后，他环顾着屋里摆满的古董，泪流满面，心里感慨万千。这难道不就是人一生的写照吗？就算你拥有得再多，当真的要离开的时候，试问你又能带得走什么呢？

人到一定的年龄会经历很多的事，大抵会感受到人生困难重重，烦恼多于快乐，忧愁多于喜悦。随着年龄的增长或许还会感觉自己是世上最不幸的人。因为经历了很多的不幸，会感觉自己与别人相比，为什么别人都那么的幸福，而自己却是那个最不幸的人呢？其实人来到这个世上，每一个人经历的遭遇都是差不多的。我们到一定年龄以后，只有学会取舍，那么才能够完善自己，让自己的心智更加成熟，然后坦然面对人生所有的不幸，去享受人生本来应有的快乐。修剪过树枝的小树才能长得更高，剔除无用欲望的人生才能走得更远。人生没有那么多必要的东西，也没有那么多一定要应酬的交际，一切都可以进行筛选和剔除。

当我们能够静下心来，不为无知所困，才会有更多的时间去做自己想做的事，也才会有更多的精力去思考更有意义的事，如此这样也才会发觉自己的智慧越来越高。有很多道理，人总是要活到一定的岁数，经历了一定的事情才会慢慢明白。有一位哲人说过，如果你想改变某一个人，那是一种愚蠢的想法。人是改变不了人的，只有自己才能够改变自己。因为人思想内部的那一扇门是向外打开的，自己如果不想打开，外面无论多么强大的力量都是推不开的。所以我们能做的只能是用生命影响生命，用生命启发生命，用生命开悟生命。

回到本书，这是我近年教学和研究的思考结晶，是一点看法，不是结论，希望能给读者带来一点思考。书中有些地方可能存在偏激，但我认为，爱智之路本来就有颠簸，不可能一来就获得绝对真理。我想，"有智慧的偏颇"应该比"四平八稳的正确"可能更能引起思考，你觉得呢？

致敬新时代，感恩新时代，我今后也将继续担负起历史赋予一名大学老师最基本的责任。在写作中，我的 2020 级马克思主义基本原理专业研究生董荣泼同学为本书修改错别字和标点符号，并对注释做了订正，马克思主义学院 2020 级马克思主义中国化研究专业研究生毛志伟同学也为本书的修改付出了心血，在此一并感谢。

罗小青

2022 年 4 月 20 日